インド哲学・知覚論へのいざない

八つのサンスクリット語原典からの和訳と註解

宮元啓一
miyamoto keiichi

花伝社

インド哲学・知覚論へのいざない——八つのサンスクリット語原典からの和訳と註解◆目次

Ⅰ　初期論理学派の知覚論　5

Ⅱ　参考：他学派の知覚論　85

I　初期論理学派の知覚論

カナーダ『ヴァイシェーシカ・スートラ』付チャンドラーナンダによる註

【自己存在論証上の目印としての知覚】

《三・一・一三》自己と感官と意と対象との接触から生ずる知覚、それが、自己が有ることを論証する別の目印（推論の根拠となる別の理由）である。

〔註〕四つのものの接触から生ずる知覚という結果は、自己が有ることを論証する別の理由である。「〔主張〕知覚は内属因を待って生ずるものである。〔理由〕結果であることのゆえに。〔喩例〕水がめのように」というように。

自己（ātman、英語ならば ego ではなく self に相当する）は知覚の主体であり、感官は知覚をもたらす道具であり、意は、感官が捉えた対象の情報を整理して自己に伝えるものである。よって、知覚が成り立つことそのものが、真知の主体としての自己が有ることの証拠だということになる。

〔註〕自己と感官と意と対象との接触が知覚の原因であると説かれた。そのことを確認する

ために、意についても説かれるのである。

《三・二・一》自己と感官と対象が接触したときに、知覚が生じないこともあれば生ずることもある。それが、意が有ることを論証する目印である。

〔註〕自己と感官と対象とが接触したときに、それが無ければ知覚が生ぜず、それが有れば知覚が生ずるところのもの、それが意である。こういうわけで、知覚が生ずる、生じないということが、意が有ることを論証するさいの目印である。意が有する性質は、数、度量、別異性、結合、分離、かなた性、こなた性、潜在的形成力（慣性力）である。


意〔manas、「思考する〔動詞語根〕man- 力を有するもの -as」「能動的な思考器官で、眼などの外官にたいして内官」〕は、原子大であり、感官と自己とのあいだを猛烈なスピードで動き回るとされる。熟睡時には、意は静止した状態になるので、知覚が生ずることはない。覚醒時には意は活発に動くので、知覚が次々と生ずることになる。ゆえに、知覚が成り立つことは、意が活動していることの証拠となるのである。ちなみに、意は情報処理能力のあるものとされるので、大きさの問題は措くとして、我々が常識的に考える「脳」だと考えて、これといった問題は生じないと私は考える。

【知覚の対象となる条件】

《四・一・六》大なるものについて、それが多くの（三つ以上の）実体を拠り所として有することから、また色から、知覚が成立する。

〔註〕大性という度量が内属している実体について、多くの（三つ以上の）実体を内属因として有することから、また白色などの色から、知覚が成立する。

サンスクリット語では、文法上の「数」は、単数、両数、複数の三つがある。単数は一つのものの数であり、両数は二つのものの数であり、複数は三つ以上のものの数であり「多数 bahu」とも言われる。インド論理学派の原子論では、一つの原子の度量は極小であり、二つの原子が結合した二原子体の度量は小であり、二原子体が三つ結合した三原子体の度量は大であり、三原子体が四つ結合した四原子体の度量も大であり……とされる。一つ一つの原子も一つ一つの二原子体も知覚されないが、三原子体以上のものは、一つ一つが知覚可能であるとされる。ただ、大きいからというだけでなく、顕現した色、光などの一揃いの条件がないと眼による知覚は生じないとされる。

〔註〕どういうことかと言えば、

《四・一・七》原子は、実体を拠り所（みずからの部分）として有することがないから、知覚されない。

〔註〕色があっても、原子には内属因（部分としての実体）がないから、知覚されない。

《四・一・八》色による印象付けがないから、風は知覚されない。

〔註〕多くの（三つ以上の）実体を拠り所（部分）として有することと大性とがあっても、色による印象付けがないから、風は知覚されない。〔色によって〕限定された「多くの実体を拠り所として有すること」が捉えられなければ、たとい三原子体（大なるものの最小のもの）であっても、風は知覚されないことがこれで確定された。

〔註〕〔感官なる実体と接触できるのは実体だけであるが、実体ではない〕色の知覚はどうしてあり得るのか。

《四・一・九》多くの（三つ以上の）実体を拠り所（部分）として有する実体に内属することから、色に存する特殊（色性、誤解を避けるためには、これは「普遍かつ特殊」だとすべきである）から、色の知覚がある。

〔註〕大なる実体、つまり多くの実体（部分）に内属している実体に、色という性質が内属することから、色に存する特殊から、すなわち色性という普遍かつ特殊から、色の知覚が成立する。

（一）限定するものである色性と、（二）限定するものと限定されるものとの関係（この場合は内属）と、（三）限定するものである色性の知識、以上の三要件がすべて揃ったことから、限定されるものである色の知識が生ずる、というのがヴァイシェーシカ学派の見解である。『ヴァイシェーシカ・スートラ』（八・九）にこのことが明言されているので参照していただきたい。

《四・一・一〇》これによって、味、香、触の知覚が解明された。

〔註〕これによって、つまり今しがた述べられた道理によって、多くの（三つ以上の）実体を拠り所（部分）として有する実体に内属することから、また味性《あじせい》などという普遍かつ特殊から、味などの知覚がある。

味の知覚について見れば、（一）限定するものである味性と、（二）限定するものと限定されるものとの関係（この場合は内属）と、（三）限定するものである味性の知識、以上の三要件がすべて揃ったことから、限定されるものである味の知識が生ずる、つまり、味が知覚されるということである。

《四・一・一一》〔原子の色が知覚されないのは〕そうしたことがないからであり、ここに何の逸脱もないのである。

〔註〕原子の色は、多くの（三つ以上の）実体を拠り所（部分）として有する実体に内属す

ることがないから、知覚されることがない。ゆえに、多くの（三つ以上の）実体を拠り所（部分）として有する実体に内属する色は知覚されるということ、このことに逸脱はない。

《四・一・一二》数、度量、別異性、結合、分離、かなた性、こなた性、そして運動は、色を有する実体に内属するならば、目に見える。

〔註〕色を有するとは、色性によって限定されたものとしての色を有するということである。知覚に適合する「その色を有する実体に内属すること」により、また、色自身の普遍かつ特殊（つまり数性など）により、数などは目に見える。

〔註〕なぜか。

《四・一・一三》〔数などは、〕色を有しない実体にある場合には目に見えないからである。

〔註〕〔数などは、〕多くの（三つ以上の）実体に存しても、その実体に色がなければ知覚されないからである。

《四・一・一四》これによって、性質性と有性は、すべての感官によって知覚されることが解明された。

〔註〕大なる実体に、つまり多くの（三つ以上の）実体を拠り所（部分）として有する実体

に内属することから、それに内属している色などが知覚されるが、同様にして、大なる実体に内属している性質性と有性とは、色などの性質に内属することから、眼などの感官によって知覚される。ただし、普遍や特殊が、性質性と有性とを知覚せしめることはない。なぜなら、性質性と有性とには、普遍や特殊が存することはないからである。他方、有性が単一のものであることなどは、それぞれの感官によって、実体について知覚される。なぜなら、実体に有性が内属しているからである。運動については、性質の場合と同様に、多くの実体に内属する実体に内属していることにより知覚される。

普遍や特殊に普遍と特殊が内属することはない。たとえば、性質性という普遍かつ特殊に、性質性性という普遍かつ特殊があるとすると、その性質性性に、性質性性性という普遍かつ特殊があり、うんぬんという風に、無数の普遍かつ特殊が想定されることになる。そこで、これは無限後退（anavasthā、落ち着くところがないこと）という過失に陥るものだとして、ヴァイシェーシカ学派では、「禁じ手」とされる。この学派の発想は公理系なので、それを崩壊させる要因となる考えを「禁じ手」とするのは当然のことであると言える。

【実体である感官と結合することがない性質などが知覚されるのはなぜか】

《八・一》実体の知覚についてはすでに解明された。

〔註〕六つのカテゴリーのうち、実体の知覚についてだけは、それが自己と感官と意と対象との接触より生ずることが、すでに解明された。しかし、性質などの知覚については、まだ解明されていない。

「六つのカテゴリー」とあるのは、西暦紀元後七〜八世紀頃の人物であるチャンドラーナンダが、先行するプラシャスタパーダの『パダールタダルマ・サングラハ』の影響下にあったためである。

〔註〕知覚の原因は

《八・二》意と自己とである。

〔註〕意と自己とが知覚の原因であることが解明された。

次には、性質などの知覚が述べられる。

《八・三》知覚を論ずる個所で、知覚がどのようにして生ずるかが述べられた。

〔註〕感官と対象との接触によって知覚が生ずると述べられたが、性質などと感官との接触はない。それゆえ、今度は、性質などの知覚について述べられる。性質などは、感官と接触す

ることなく知覚される。

「接触」とは「結合」のことで、性質のカテゴリーに属する。結合は、実体と実体のあいだでのみ成り立つもので、実体ではない性質などと実体である感官とのあいだでは成り立たないのである。

ここからの考察をもととし、また、後の『パダールタダルマ・サングラハ』の記述を参考に、ニヤーヤ学派の学匠ウッディヨータカラは、『ニヤーヤ・ヴァールッティカ』(一・一・四)で、簡潔に「六種の接触」をまとめた。

〔註〕なぜなら、

《八・四》感官と接触することのない性質と運動との知覚については、実体がその原因、あるいはまた(ca)原因の原因であるからである。

〔註〕性質と運動との内属因(拠り所)は実体であるから、じかに感官と接触してない性質や運動の知覚が生ずる原因である接触については、原因はまさにその実体であり、性質や運動ではない。したがって、実体である感官と結合した(接触した)実体への内属により、性質と運動の知覚が生ずる。「ca」というスートラの文言は、「理由」を指しているのである。

ここでは、性質や運動の原因(内属因)が、感官との接触の原因であることから、「原因の原因」

と述べられる。

《八・五》普遍と特殊に普遍と特殊が存することはないから、普遍と特殊の知覚は、感官と、普遍と特殊の拠り所である実体との接触だけから生ずる。

〔註〕有性などの普遍と究極の特殊の知覚は、それらを見る人々の感官と実体との接触のみから生ずるのであって、普遍と特殊から生ずるのではない。なぜなら、普遍と特殊には普遍と特殊は存しないからである。

普遍と特殊は、実体、性質、運動を限定するものであり、実体、性質、運動は限定されるものである。限定されるものの知覚は、限定するものの知覚にかならず先行される。ところが、普遍と特殊には、それを限定するものとしての普遍と特殊はない。したがって、普遍と特殊の知覚には、それに先行する限定するものの知覚はない。したがって、普遍と特殊の知覚については、感官と、そうした普遍と特殊の拠り所である実体との接触だけが原因であるという帰結になるのである。

《八・六》実体、性質、運動の知覚は、普遍と特殊を待って生ずる。

〔註〕実体、性質、運動については、実体と感官の接触から、また有性などの普遍から、また実体性などの普遍かつ特殊から、「これは有る」「これは実体である」などという知覚が生ず

る。このスートラでは、普遍は有性を指し、特殊は実体性などを指す。先のスートラとは異なるのである。

「これは有る」との知覚が生ずる場合、(一)有性が限定するものであり、(二)有性の拠り所である実体、性質、運動は限定されるものであり、(三)有性の知覚が限定するものの知覚である。この三者が揃ってはじめて、「これは有る」との知覚が生ずるとされるのである。

《八・七》実体の知覚は、実体、性質、運動を待って生ずる。

〔註〕〔例えば、「白い牛が歩く」と知覚する場合、〕眼と対象との接触から、対象である実体について、「角を有するもの」という実体を待って生ずる知覚(「これは牛であるとの知覚」)が、また、「白色」という性質を待って生ずる知覚(「これは白い」との知覚)が、また、歩行という運動を待って生ずる知覚(「これは歩く」との知覚)が生ずる。また、実体、性質、運動は、限定するものであるから、限定されるものの知覚に先んじて知覚される。つまり、限定するものの知覚は原因であり、限定されるものの知覚は結果である。

《八・八》性質と運動の知覚の場合、性質と運動に性質と運動は存しないから、性質と運動を待って生ずる知覚はない。

〔註〕性質には性質と運動は存せず、運動には性質と運動は存しないから、性質と運動の知覚の場合、性質と運動を待って生ずる知覚は成立しない。

実体などの知覚が先行して生ずるというきまりはない。例えば、

《八・九》内属する白色性から、白色性の知覚から、「これは白い」との知覚が生ずる。この二つの知覚は因果関係にある。

〔註〕白色という性質に内属する白色性という普遍から、また、白色性という普遍の知覚から、白色という性質の知覚が生ずる。普遍と性質との関係（内属）もまた必須条件として確認されるべきである。それゆえ、限定するものの知覚は原因であり、限定されるものの知覚は結果である。

ここでの例で言えば、（一）限定するもの（白色性という普遍かつ特殊）、（二）限定するものと限定されるものとの関係（内属）、（三）限定するものの知覚（白色性という普遍かつ特殊の知覚）、以上の三者が揃ったところで、「限定されるものの知覚」、すなわち「これは白い」という性質の知覚が生ずるという図式になる。

接触から知覚が生ずることについて、少し分かりやすい図式で説明するとなれば、次のようになる。

まず、例えば、人がある個物を見て、「これは牛である」と決知（判断）する場合、その決知は、「これは、「牛性《うしせい》」によって限定されたものである」という構造を持つ。牛性は、角があること、喉元に垂肉があることなどの総称としての普遍かつ特殊で、これが、その個物に「牛」という語が適用される根拠である。ヴァイシェーシカ学派と密接な関係にある文法学派の用語で、「語の適用根拠」（śabdānāṃ pravṛttinimitta）というのがそれである。

「これは、「牛性」によって限定されたものである」との、限定されたものの知識が生ずるからには、その前に、限定するものの知識が生じていなければならない。原因は、必ず、結果よりも時間的に前に成立しているものだからである。

すると、この場合、限定するものは、「牛性」という普遍かつ特殊である。したがって、限定するものの知識とは、普遍かつ特殊の知識であることになる。しかし、当たり前であるが、普遍かつ特殊には、それを限定するさらなる普遍かつ特殊は内属しないから、「これは牛性である」との知識、つまり、「これは、「牛性性」によって限定されたものである」との知識、決知、有分別知は成立しようもない。つまり、限定されるものの知識が成立する前に、牛性なる普遍かつ特殊が限定するものとして捉えられていなければならない。したがって、眼という感官と結合したものへの内属というかたちで、眼と牛性とがあらかじめ接触していなければならない。

すると、限定するものとしての牛性の知識とは言うけれども、その知識には、原因となる知識はないのであるから、当の接触以外に原因は無い、つまり、接触すなわち「限定する牛性」を捉えるものだとも言える。無分別知は有分別知（決知、判断）ではない独特の知識なのであり、ここをしっかりと押さえずに、ただ漫然と「知識」の一種であるとすることには、大きな誤解の危険が伴う。

無分別知は、「これは牛性である」とのかたちを取る知覚ではないのである。つまり、これは、ヴァイシェーシカ知識論における、第一級の要注意事案なのであり、慎重に取り扱われるべきものであると私は考える。

こう全体を眺めてみると、このスートラ八・九は、のちのインド新論理学派の知覚論にまで及ぶ、「知覚をもたらす一揃いの原因（kāraṇa-sāmagrī）」論を雄弁に語っていることになる。一揃いの原因とは、（一）限定するものと、（二）限定するものと限定されるものとの関係と、（三）限定するものの知識と、以上三つの原因が揃って有ることである。『ヴァイシェーシカ・スートラ』の完成度には目を瞠るものがあると言うべきであろう。

〔註〕他方、限定するものと限定されるものとの関係にないもののあいだの知覚については、

《八・一〇》実体についての知覚は互いに原因ではない。なぜなら、原因どうしが同時に有ることはないからである。

〔註〕知覚成立に不可欠な意は極小で、感官が捉えた一々の対象の情報を、猛烈な速度とはいえ、時間差をもって自己に届けるので、それぞれ自己完結したもので、複数の知覚が同時に

有ることはないから、水がめの知覚と布の知覚は因果関係にはない。両者は、限定するものと限定されるものとの関係に当てはまることはないからである。

《八・一一》また、実体の知覚、性質の知覚、運動の知覚も、どれがどの原因であるかが特定されることがなければ、互いに因果関係にはない。

〔註〕また、「白い牛が歩く」という場合、牛という実体の知覚と、白色という性質の知覚と、歩行という運動の知覚とは、時間的に前後しているとはいえ、それぞれ自己完結的に知覚されているというだけのことで、互いに因果関係にはない。なぜなら、それらの知覚のあいだには、限定するものと限定されるものとの関係がないからである。すなわち、どれがどれの原因であるかが特定されないということである。ゆえに、牛という実体の知覚は、白色という性質の知覚の原因ではないし、また、歩行という運動の知覚の原因ではないのである。白色という性質の知覚も、歩行という運動の知覚も、牛という実体の知覚の原因ではないのである。

【ヨーガ行者の知覚】

《九・一三》自己と意との特殊な接触から、〔行に集中しているヨーガ行者には、〕自身の自己の知覚が生ずる。

〔註〕感官を対象から引き剥がし、そして意を感官から引き剥がして、意を自己にのみ集中させるとき、ヨーガより生ずる功徳を動力因とする特殊な意と自己との接触から、そうした境地に没入しているヨーガ行者に、自身の自己の知覚が生ずる。

他者の自己を知覚するわけではない。

ちなみに、西暦紀元前七世紀に活躍したウパニシャッドの哲人、ヤージュニャヴァルキヤは、認識主体である自己は、まさに認識主体であるがゆえに、経験的に捉えることはできないとした。その百年後、ヤージュニャヴァルキヤが活躍した地域と大きく重なる地域で活躍した仏教の開祖ゴータマ・ブッダは、「身心は自己ならざるものである（五蘊《うん》非我）」とか、「世界の諸事象は自己ならざるものである（諸法非我）」と説いた。

私は、この論理的枠組みは破ることが出来ないものであると考えるが、ヴァイシェーシカ学派は、「言語表現されるものは実在する」を鉄則とするので、「自己」ということばがあるからには、自己は実在し、ゆえに知られるものであるとする。ただ、いかにヴァイシェーシカ学派とは言え、普通の人間には自己を捉えることは出来ないとした。しかし、鉄則を貫くため、修練を積んだヨーガ行者にはそれが可能だとした。

ヴァイシェーシカ学派に修行論があったとは思えないとする研究者がこれまで多かったが、ヨーガによって三昧に至り、それによって解脱できると、はっきりと言明した文献は、他ならぬ『ヴァイ

『ヴァイシェーシカ・スートラ』が最初であることは、特筆すべきことであると私は考える。

《九・一四》別の実体についても同様である。

〔註〕自己との結合が否定されており、自己と結合していない遍満する実体（虚空、時間、空間）の知覚が、また、自己との結合が否定されておらず、〔自己と遍満する実体との〕両者と結合している原子など（原子と二原子体）の知覚が、〔ヨーガ行者には〕生ずる。

《九・一五》また、自己と感官と意と対象との接触から、〔普通の人には捉えられない対象の知覚がヨーガ行者には生ずる。〕

〔註〕微細な対象であっても、何かに隔てられている対象であっても、遠くにある対象であっても、ヨーガ行者の場合、四つのものの接触から、そうしたものの知覚が生ずる。また、我々の知覚についても、〔ヨーガ行者には知覚が生ずる。〕

「我々の知覚についても」とあることから、数ある神通のなかの他心通のことを言っているものと考えられる。

《九・一六》〔普通の人には捉えられない〕そうしたものに内属しているので、そうした実体に内属する運動や性質についても〔ヨーガ行者には知覚が生ずる〕。

〔註〕〔ヨーガ行者の場合、〕意との結合から、自己以外の実体についての知覚が生ずるが、そうした実体に内属する運動や性質についても知覚が生ずる。また、〔ヨーガ行者の場合、〕自己と感官と意と対象との接触から、〔普通の人には捉えられない〕微細な対象などの知覚、および、我々の知覚の知覚が生ずるが、また、そうしたものに内属する性質や運動についても、感官と結合したものへの内属から、知覚が生ずる。

《九・一・一七》自己の性質は自己に内属するから、〔ヨーガ行者の場合、〕自己の性質の知覚が生ずる。

〔註〕〔ヨーガ行者の場合、〕自己との結合から自身の自己の知覚が生ずるが、また、自身の自己に内属する楽などの知覚が生ずる。

マティチャンドラ『ダシャパダールティー』（十カテゴリー論）——慧月《えがつ》造・玄奘《げんじょう》訳『勝宗十句義論』から想定されるサンスクリット語テクスト

【知識の定義、分類、知覚の定義】

〔三八〕知識とは、それによってすべての対象が知られるようになるところのものである。

この定義には重要な問題が潜んでいる。この場合の「知識」のサンスクリット語は jñāna であるが、これは、「得られた知識」であるだけでなく、「知るための手段」でもある。ニヤーヤ学派は、「得られた知識」は pramā、「知るための手段」は pramāṇa と分けており、我々は、前者は「真知」、後者は「真知をもたらす道具」「真知の道具」と訳し分けることにしている。のちにディグナーガ（陳那）によって確立された仏教論理学派（新因明《いんみょう》）でも、初期中の初期のヴァイシェーシカ学派と同様に、両者は分けて考えられていない。インド論理学派と仏教論理学派との論争は、そもそもの出発点からしてうまく噛み合うことがなかったのである。

〔三九〕これには二種類ある。知覚と推論とである。

「推論」の原語はanumāna（アヌマーナ）であり、これは、「知覚のあとを受けた（anu-）計量、（māna）」を意味する。知覚を全く受けることなく推論がいきなり成立することはないのである。

ニヤーヤ学派は、知覚、推論だけでなく、類推、ことばを加えて四つを数える。この四分類は、後にヴァイシェーシカ学派も巻き込んで、いわゆる論理学派の定説の扱いを受けるようになる。

〔四〇〕知覚について。感官の作用が及ぶ実体や性質と感官などが接触するときに、「しっかりと捉えた」という特質を有する知識が知覚である。

【知覚の対象になる性質、ならない性質】

〔一〇九〕以上の色をはじめとする二十四種類の性質のうち、どれだけのものが知覚の対象であり、どれだけのものが知覚の対象ではないのか。

〔一一〇〕色、味、香、触は、ある場合には知覚の対象であり、ある場合には知覚の対象ではない。

〔一一一〕どのような色、味、香、触が知覚の対象であるのか。もしもそれらが、大にして多くの（三つ以上の）実体を部分として有する実体を拠り所としているのであれば、知覚の対象となる。

二原子体が三つ結合してできるのが三原子体である。つまり、三つの二原子体を部分として有する実体が三原子体である。あるいは、綿の塊のように、ふんわりと緩く集積したものは、それだけで「大なるもの」とされる。

〔一一二〕どのような色、味、香、触が知覚の対象とはならないのか。もしもそれらが、原子や二原子体を拠り所としているならば、知覚の対象とはならない。

原子と二原子体は小なる実体である。また、原子は、とくに「極小なる実体」とも称される。

〔一一三〕音声は、すべて、知覚の対象である。

〔一一四〕数、度量、別異性、結合、分離、かなた性、こなた性、流動性、粘着性、重さ、慣性力も、色、味、香、触の場合とまったく同様である。

〔一一五〕知識、楽、苦、欲求、嫌悪、内的努力は、自己に存するものであり、すべて、知覚の対象である。

〔一一六〕功徳、罪障、記憶力は、知覚の対象でないものばかりである。

【知覚の諸分類】

〔一三九〕知覚には四種類がある。疑惑と確定と偽知と真知とである。

プラシャスタパーダの説明では、疑惑と偽知は無明であり、確定と真知が正しい知覚であるとされる。『ヴァイシェーシカ・スートラ』には、この点に関する記述はない。

〔一四〇〕疑惑は何を原因として生ずるのか。ある対象を見たとして、それが他のものと同じ特徴を持つことから、何かそれ独自の特徴を思い出そうとすることをきっかけとする自己と意との接触を原因として生ずる、「これは何であろうか」というかたちを取る知識、これが疑惑である。

薄暗がりのなかで直立しているものを見たとき、それが杭でも人でも持つ同じ特徴であることから、では、どちらかにだけある独自の特徴は何かと思い出そうとしつつも、断定できないでいる状態の知識、これが疑惑である、ということである。

〔一四一〕確定は何を原因として生ずるのか。疑惑が生じたあと、他のものとは違う独自の特徴を確認することをきっかけとする自己と意との接触を原因として生ずる、「これは確かに〜である」というかたちを取る知識、これが確定である。

手足と見える、人にはあるが、杭にはない独自の特徴を捉えることから、「これは確かに人である」との知識が生ずるということである。

〔一四二〕偽知は何を原因として生ずるのか。人と杭とのいくつもの同じ特徴を見たあとの、それぞれに違った特徴があるのを間違って捉えることをきっかけとする自己と意との接触を原因として生ずるもので、「薄暗がりでよく分からないのに、これは杭だと断定する」というかたちを取る知識、これが偽知である。

〔一四三〕真知は何を原因として生ずるのか。人と杭とのいくつもの同じ特徴を見たあとの、これこそこのものの独自のものであると言える特徴を見ることをきっかけとする自己と意との接触を原因として生ずるもので、「これは杭であることに間違いはない」というかたちを取る知識、これが真知である。

〔一四四〕この問題については、推論の場合でも、知覚の場合と同じである。

〔一四五〕知覚には三種類がある。四つのものの接触から生ずるものと、三つのものの接触から生ずるものと、二つのものの接触から生ずるものとである。

四つのものとは、自己、感官、意、対象のこと、三つのものとは、自己、感官、意のこと、二つのものとは、自己、意のことである。

〔一四六〕四つのものの接触から生ずる知覚とはどのようなものか。それは、一般的な直覚を特質とするものである。感官の作用の及ぶ色、味、香、触、数、度量、別異性、結合、分離、かなた性、こなた性、重さ、流動性、粘着性、慣性力と、地、水、火なる実体と、有性、普遍かつ特殊、力能、無力能と——ただし、音声、音声に内属する力能《りきのう》と無力能と音声性と有性とは除く――以上のものについて生ずる知覚は、自己と感官と意と対象との四つのものの接触を原因として生ずる。

〔一四七〕三つのものの接触から生ずる知覚とはどのようなものなのか。音声と音声に内属する力能、無力能、音声性、有性という対象について生ずる知覚は、自己と感官と意との三つのものの接触を原因として生ずる。

音声は虚空の性質であり、耳は虚空より成るものであるから、ここでは、感官とは別に対象を立てられないということである。

〔一四八〕二つのものの接触から生ずる知覚とはどのようなものなのか。楽、苦、欲求、嫌悪、内的努力という対象と、それらに存する力能、無力能、普遍かつ特殊、有性という対象と、以上のものについて生ずる知覚は、自己と意との二つのものの接触を原因として生ずる。

プラシャスタパーダ『パダールタダルマ・サングラハ』（カテゴリーと功徳の綱要）

【第六章　第一項　その三　非決知】

まず、知覚の対象についての非決知。よく知られた対象について、あるいはよく知られていない対象について、放心とか旺盛な好奇心とかのゆえに、「何かである」という単観（ālocana-眺めている -mātra だけで、決知、判断にいたらない状態）が生ずるが、これが非決知である。

非決知 anadhyavasāya ←「決知 adhyavasāya ではない an- 知識」

「単観」というのは、限定するものは捉えていても、限定されるもの（限定されたもの）の知識を生ずることのない知識のことである。限定されたものの知識は「決知」と呼ばれ、これのみが記憶に転ずるとされる。限定するものの知識でとどまる単観は、決知を生ずることがなく、したがって、記憶に転ずることがない。単観にとどまる知覚は「無分別知」で、決知は「有分別知」に相当する。

例えば、北方の交易商人には、パンの樹（panasa）などについての非決知がある。その場合、交易商人には、有性、実体性、地性、樹性《きせい》、色を有するものであること、枝があることなどを動力因とする決知は生ずる。すべてのパンの樹に遍在しているパンの樹性も、それがマンゴーの樹などからは排除されているというかぎりについては知覚が生ずる。ただ、今まで教わったことがないため、「パンの樹」という特定の名称の理解が生じないのである。

このように、単観にとどまる知覚は、「言語化されていない知識」(non-verbalized cognition)であり、決知は、「言語化されている知識」(verbalized cognition)である。

ちなみに、私の狭い経験ではあるが、南インドのゴア地方ではパンの樹が家の庭に植えられているのをよく見かけた。枕のような大きな果実が生り、その果肉をスライスして軽く油で炒めると、トーストされたパンそっくりのものが出来る。癖がまったくないので、まさにパンのように食べられる、まことに重宝な果実である。

【第六章　第二項　その一　知覚】

知覚と推論と記憶と聖仙知と称せられる四種類の明知《みょうち》のうち、それぞれの器官(akṣa)に縁《よ》って生ずる(pratītyotpadyate)ので「知覚」(pratyakṣa)と言われる。器官とは感官のことで、鼻、舌、眼、皮膚、耳、意の六種類がある。

こじつけのようにも見えるが、一応これが「知覚」という語の語源解釈学（nirukta）である。語源解釈学は、ヴェーダの補助学として、伝統的な学問の一大ジャンルを占めて今日にいたっている。

知覚は、実体などのカテゴリーを対象として生ずる。

まず、大きな三種の実体（地、水、火）については、多くの実体を拠り所として有していることと、顕現した色と、光と、自己と感官と意と対象との四つのものの接触とから、また、功徳などの一揃いの原因があるとき、本質の単観が生ずる。

知覚の対象は地、水、火であり、風、虚空、時間、空間、自己、意は知覚されない。そして、地などの実体が知覚できるためには、いくつかの条件があるとされる。

まず、「多くの実体を拠り所として有していること」という条件であるが、これは、三つの（多くの）二原子体が結合してできる三原子体以上の度量がないと知覚できないということである。

「顕現した色」という条件は、例えば、胃のなかの火は食べ物を消化する機能を持つものであるが、顕現した色がないので、知覚できないということである。

「光」という条件は、漆黒の闇のなかでは何も見えないということである。

「自己と感官と意と対象との四つのものの接触」という条件は、それがなければ対象を捉えることが不可能だということを意味する。「功徳などの一揃いの原因」という条件は、例えば感官に損傷があると知覚は不可能となるが、そういうことにならないための好条件のすべてを指す。

「本質の単観」の「本質」(svarūpa)とは、「知覚の対象を限定するものの知識」、つまり、無分別知を指す。また、それは、「限定される(限定された)ものの知識」、別名、「有分別知」、「決知」ではないことも意味する。

例えば、「これは牛である」との知覚の原因である「牛性」の知覚が、本質の単観である。ただし、くどいようであるが、この知覚は、「これは牛性である」というかたちを取るものではないので、要注意である。

普遍、特殊、実体、性質、運動という「限定するものの知覚」を動力因とする「自己と意との接触」から、「有るものとしての、実体としての、地としての、角が有るものとしての、白い牛が歩く」との知覚が生ずる。

この知覚は、「単観」ではなく、「複合知」(samūha-jñāna)である。つまり、(一)限定するもの、(二)限定するものと限定されるものとの関係、(三)限定するものの知識、という三つの要素から生ずるものである。つまり、限定される（限定された）ものの知識であり、決知であり、有分別知であり、言語化されている知識である。
この場合、「限定するもの」はすでに四つのものの接触から知覚されているので、決知が生ずるためには、四つのもののうち「感官」と「対象」は不要で、自己と意との二つのものの接触でよいのである。

色、味、香、触の知覚は、それらが多くの（三つ以上の）実体を拠り所とする実体に内属することから、また、みずからに存する固有の特性のゆえに、みずからの拠り所である実体と特定の感官との接触を原因として生ずる。

眼は色を固有の特性とする火の元素よりなるものであるから、色は、それが内属する実体である火と眼との接触から知覚される。舌は味を固有の特性とする水の元素よりなるものであるから、味は、それが内属する実体である水と舌との接触から知覚される。鼻は香を固有の特性とする地の元素よりなるものであるから、香は、それが内属する実体である地と鼻との接触から知覚される。皮膚は触を固有の特性とする風の元素よりなるものであるから、触は、それが内属する実体である風と皮膚との接触から知覚される。

音声の知覚は、自己と感官と意との三つのものの接触から生ずるが、音声は虚空に内属する性質であり、耳は耳孔によって局限された虚空であるから、その知覚をもたらす感官は耳に他ならない。

数、度量、別異性、結合、分離、かなた性、こなた性、粘着性、流動性、慣性力、運動は、それらが知覚される実体に内属するのであるから、眼と皮膚によって捉えられる。

地、水、火、風、虚空、時間、空間、自己、意の九種類の実体のうち、例えば、数えられる実体は、地と水と火である。その三つの実体に内属する共通の性質は、色と触である。色と触を捉える感官は眼と皮膚だけだということである。

知識、楽、苦、欲求、嫌悪、内的努力の知覚は、自己と意との二つのものの結合（接触）から生ずる。

知識、楽、苦、欲求、嫌悪、内的努力は自己に固有の性質であり、眼などの外的な感官が捉えるものではない。したがって、知識などは自己に内属する性質であるから、自己と感官と意と対象の四つのもののうち、外的な感官は不要で、内的な感官である意で充分である。ゆえに、それらの知覚を生ずる接触は、自己と意との二つのものの接触で完結するということである。

有性、実体性、性質性、運動性など（地性、色性《いろせい》、上昇性、水がめ性《せい》——）は、知覚され得る拠り所に内属しているというときの拠り所を捉える感官によって捉えられる。

この場合の「知覚され得る拠り所」とは、有るもの、実体、性質、運動、地、色、上昇、水がめ——のことである。

以上が我々のような普通の人間の場合の知覚である。

他方、我々とは異なるヨーガ行者がヨーガに没入しているとき、ヨーガより生ずる功徳に補助された意によって、自身の自己、他者の自己、虚空、時間、空間、原子、風、意について、またさらに、それらの実体に内属する性質、運動、普遍、特殊について、またさらに、内属について、過つことなくそれらをあるがままに実見することが生ずる。

また、ヨーガ行者がヨーガに没入していないときにも、自己と感官と意と対象との四つのものの接触から、これまで実修してきたヨーガより生ずる功徳を補助の力として、微細なもの、何かに隔てられたもの、遠いものの知覚が生ずる。

ヨーガ行者が自他の自己を知覚できるというのは、カナーダの『ヴァイシェーシカ・スートラ』以来の学説である。ヴァイシェーシカ学派は、カテゴリーと功徳についての真理を窮めたのち、ヨーガを実修することで解脱にいたると考える。

『ヴァイシェーシカ・スートラ』(五・二・一六)「自己と感官と意と対象との接触から、苦と楽が生ずる。そうした四つのものの接触が楽と苦を生ずることがないこと、これがヨーガである」と、続いて、「意が自己にとどまって動かないとき、身体を有するものである自己に、楽と苦はない。それがヨーガである」(五・二・一七)と、これが、哲学学派による最古のヨーガの定義であり、まさに特筆すべきことである。

さて、以上をまとめて言えば、普遍と特殊を対象とする本質の単観が、知覚という真知の道具であり、実体などの諸カテゴリーが真知の対象であり、自己が真知の主体であり、実体などを捉える知識が真知である。

「これは牛である」という決知を例に取れば、まず、「限定するものである牛性の知識」という単観が、「限定される(限定された)ものである牛の知識」(「これは牛である」という決知、つまり真知)をもたらす道具であり、牛が真知の対象であり、自己が真知の主体であり、得られた「これは牛である」という決知が真知である、となる。知識を、「真知をもたらす道具」(pramāṇa)、「真知の対象」

(prameya)、「真知の主体」(pramātṛ)、「真知」(pramiti) という四つのものという観点から論ずることは、ヴァイシェーシカ学派では本書が最初である。

カナーダの『ヴァイシェーシカ・スートラ』とマティチャンドラの『ダシャパダールティー』では、真知をもたらす道具と得られた知識である真知とがはっきりと区別されていない。プラシャスタパーダは、『ニヤーヤ・ヴァールッティカ』という、ガウタマの『ニヤーヤ・スートラ』への復註を著したウッディヨータカラと近い時期に活躍した人であり、そこから、右のようなニヤーヤ学派の知識論の枠組みを取り入れようとしたと考えてよいかもしれない。

普遍と特殊の知識が生ずるときには、分離されていない単観という知覚が、真知をもたらす道具であり、その他に真知をもたらす道具はない。その単観より他に、真知という結果をもたらすものはないからである。

普遍と特殊を限定するものはない、あるいは、そうしたものがあると想定すると、普遍には普遍性が、普遍性には普遍性性と、無限後退に陥るから、そのような想定は禁ぜられるというのがヴァイシェーシカ学派の決まりである。

すると、普遍と特殊の知覚をもたらす「限定するものの知識」はあり得ないことになるので、「分離されていない単観」が普遍と特殊の知覚をもたらすと考えざるを得ない。「分離されていない」とは、「限定するものの知識から派生したものではない単観」のことであり、それは、例の四つのもの、三つのもの、二つのものの接触に他ならない、ということである。接触は知覚という真知をもたらすものだからである。

この考えは、プラシャスタパーダの独創になるものではなく、『ヴァイシェーシカ・スートラ』（八・五）をきわめて忠実に継承したものである。

あるいは、〔行動を起こすさいの判断という点から言えば、〕自己と感官と意と対象との接触から、あらゆるカテゴリーについて、逸脱することのない、言語化されない知識（限定するものの知識）が生ずるが、その知識が、真知をもたらす道具としての知覚であり、実体などのカテゴリーが真知の対象であり、自己が真知の主体であり、「これは善いものであるから手に入れるべきである」、「これは悪いものであるから避けるべきである」、「これは善くも悪くもないものであるから放っておこう」という判断が真知という結果である。

銀色に輝くものを目の当たりにしたとき、まず、「これは銀である」とか「これは銀ではない」とかの判断をなすが、この判断が、その銀色に輝くものへの行動を起こそうとの意志とされるのである。

ガウタマ『ニヤーヤ・スートラ』（一・一・四）

感官と対象との接触から生ずる、言語表示されない、逸脱のない、決知を本質とする知識が知覚である。

「言語表示されない」avyapadeśya ←「言語表示され vyapadeśya ない a-」「浮気しない」
「逸脱のない」avyabhicārin ←「逸脱するもの vyabhicārin ではない a-」
「決知」vyavasāya ← vi-ava-sā-「決着をつける、決意する、確信する」

ヴァーツヤーヤナ『ニヤーヤ・バーシヤ』（スートラへの註）

【「感官と対象との接触」との文言について】

感官と対象との接触から生ずる知識、それが知覚である。

〔問〕これでは、自己が意と接触し、意が感官と接触し、感官が対象と接触する、ということが成り立っていないことになるのではないか。

接触するものとして自己と意とが無視されている。これでは知覚を生ずる接触としては不備があるのではないか、という問いである。

〔答〕我々の知覚の定義は、知覚にはこれだけの原因があるというように、原因のすべてを網羅して確認しようというものではなく、知覚に限っての原因を示しているのである。そうであるから、推論などの知識にも共通する原因が無いと言っているのではない。

〔問〕それならば、自己と意との接触も示されてしかるべきではないか。

〔答〕知覚という知識は、他の種類の知識とさまざまに異なっているが、自己と意との接触が知識の原因である点ではさまざまに異なってはいない。自己と意との接触は、あらゆる種類の知識に共通して言えることであるから、ここでは言及されなかったのである。

【「言語表示されない」との文言について】

〔問〕およそ対象があれば必ずそれに対応する名称のことばがあり、その名称のことばによって対象が知られ、対象の知識によって〔日常生活で当たり前のこととして用いられる〕言語表現が成り立つ。そこで、感官と対象との接触から、「これは色である」とか「これは味である」とかの知識が生ずるが、「色」とか「味」とかのことばが、対象に対応する名称のことばである。ゆえに、「かの人はこれが色であると判断する」とか「かの人はこれが味であると判断する」というように、あらゆる知識は言語表示されるのである。対象はその名称のことばによって言語表示されるのであるから、いかなる知識も、ことばに伴われて成り立っているのである。

文法学派（Vaiyākaraṇa、ヴァイヤーカラナ）のなかには、知識とは、対象に対応する名称のことばを表示することにほかならないと主張する論者たちがいた。西暦紀元後五世紀半ば頃に、バルトリハリという文法学派の学匠は、「この世で、ことばを伴わない知識は無い」(『ヴァーキヤパディーヤ(文章単語論)』一・一二四)と述べている。

〔答〕そう考える人がいるからこそ、スートラの作者は、わざわざ、「言語表示されない」と言ったのである。

ことばと対象がまだ結びついていないときの対象の知識は、名称のことばによって言語表示されることがない。また、その対象がことばとすでに結びついているときでも、そのことばがその対象の名称なのである。〔ことばと対象とが結びついても、結びついていなくとも、その対象に対応する名称のことば同じであるから、言語表示されることは、対象に対応する名称のことばにとって必須の要件であるとは言えない。〕そして、対象が捉えられたとして、対象の知識は、名称のことばによって言語表示されていない以前の時と、言語表示されている現在の時とで異なることはない。時の前後を問わず、その対象の知識はまったく変わりがないのである。その対象の知識には、それが捉えられれば日常的に用いられる言語表現に資すると別に想定できる、名称のことばはあり得ないのである。また、対象に対応する名称のことばによって対象が捉えられていないならば日常的に用いられる言語表現は成り立たない、ということはない。

それゆえ、知られた対象は、「という(iti)」という小辞が付いた名称のことばによって言語表示されるのである。「これは色である『という』知識」「これは味である『という』知識」というように。このように、対象が最初に捉えられたときには、名称のことばは機能しておらず、日常的な言語表現に用いられるときになって、はじめて、それは機能するのである。それゆえ、感官と対象との接触から生ずる対象の知識は、ことばによって成り立つものではない。

「対象が最初に捉えられたときには、名称のことばは機能していない」というのは、ヴァイシェーシカ学派が言う「無分別知」(言語化されていない知識)に相当し、「日常的な言語表現に用いられるときになって、はじめて、それは機能する」というのは、「有分別知」(言語化されている知識)に相当する。

【「逸脱のない」との文言について】

暑い夏の季節に、地上の熱と混ざり合って揺らめいている太陽光線が、遠くにいる人の眼と接触する。そのとき、感官と対象との接触から、「あれは水である」との知覚がその人に生ずるとして、それが本当は錯誤であるのに正しい知覚であると思い込んでしまう危惧がある。そこで、スートラの作者は、「逸脱のない」と述べたのである。甲でないものを甲だとする知識は、真相から逸脱するものであり、甲を甲だとする知識は、真相から逸脱しないもの、つまり、真知としての知覚である。

陽炎《かげろう》、逃げ水は、錯誤の例としてよく用いられる。

【「決知を本質とする」との文言について】

遠くから眼で対象を捉える人が、「あれは煙であろうか、それとも塵であろうか」というように対象をそれと決め兼ねるという場合、感官と対象との接触から生ずるこの「決め兼ねる」という知的状況が真知としての知覚ではないことを指摘したいために、スートラの作者は、「決知を本質とする」と述べたのである。

また、「決め兼ねるというかたちの知覚は、じつは、自己と意との接触から生ずるものに他ならない」と考えてはならない。その人は、眼で対象を捉えていてそれが何であるか決め兼ねているのである。その人は、感官で捉えた対象をさらに意で捉えるのであるが、この場合はまた、感官で決め兼ねたままさらに意で決め兼ねているのである。感官で決め兼ねたあとに意で決め兼ねていること、それは、対象の特殊な様相をただ想像して思い描くこと、つまり疑惑であって、今問題となっている「考えてはならない」ということと同じではない。いかなる知覚の対象についても、対象を捉える人の感官によってまず決知があり、あとで意によって追決知があるのである。感官が損傷している人には、追決知はないからである。

追決知 anuvyavasāya ← 「決知 vyavasāya の後にそれに順じて anu- 生ずる判断」

決知は、例えば、「これは水がめである」との知識で、追決知は、「これは水がめであると私は知る」との知識であり、これが「私」の記憶に転ずるのである。英語ならば perception、ドイツ語ならば Perzeption が決知に当たり、それに、「後のそれに順ずる」を意味するラテン語の接頭辞 ad- が付いた apperception、Apperzeption が追決知に当たる。カントが用いた Apperzeption は、「統覚」と訳されているが、これもまた、「私」の記憶に転ずる追決知にほかならない。「統覚」という訳語は、「自分」が経験的に知ったことが、「自分」の記憶として時系列に沿って留められる、ということを意味させたいためのものである。そこに「自分」「私」が顔をのぞかせるので、自我論、自己論、「私」問題にとって要となる概念の扱いを受けるわけである。

【感官としての意の位置づけについて】

〔問〕自己などの知覚や楽などの知覚の定義が述べられるべきである。なぜなら、そのような知覚は、感官と対象との接触から生ずるのではないからである。

〔答〕意は感官であるが、他の感官と属性が異なるので、別途説かれているのである。

元素より成る感官は、それぞれに決まったものを対象とする。

火の元素よりなる眼は、火の固有の性質である色を捉え、水の元素より成る舌は、水の固有の性質である味を捉え、地の元素より成る鼻は、地の固有の性質である香を捉え、風の元素より成る皮膚は、風の固有の性質である触を捉える。

意以外の感官は、対象と性質を同じくすることで感官の機能を果たすが、意は元素より成るものではないし、あらゆるものを対象とする。意は、対象と性質を同じくすることで感官の機能をはたすのではない、ということである。

また、感官と対象とが接触するとき、その接触の場に意があるとかないとかが、複数の知識が同時には生じないことの原因であることは、あとで説くことになる。

感官が捉えた対象の情報を自己に伝えるのが意の役割である。かつ、意は、一つの生き物に一つしかない。意は、猛烈なスピードで移動するので、例えば、相手の顔を見ながら相手の声を聞くとき、相手の顔の知覚と相手の声の知覚は同時のように思われるが、じつは、一つの意が、眼が捉えた顔の情報を自己に伝え、次に、耳が捉えた声の情報を自己に伝え、ということを繰り返しているのであるから、複数の知覚に小なりといえども時間差があるのは当然だという話になる。

また、意は感官なのであるから、改めてそれだけの定義を述べる必要はない。これは、他学派の学説でも広く行われていることであるから、そうしたものであると認めるべきである。つまり、他学派の学説は、否定されなければ承認されたものだと見なされる、というのが、学問世界での道理だということである。

ウッディヨータカラ『ニヤーヤ・ヴァールッティカ』（バーシャへの註）

【「感官と対象との接触」という文言について】

さてこれから、分類された真知の道具の一々の定義が説かれる。

そのうち、知覚の定義が述べられるが、それが、スートラにある「感官と対象との接触から生ずる」云々という文言である。このスートラの意図するところは、同種のものと異種のものとを区別することである。

「感官と対象との接触から生ずる」という文言の意味は何かと言えば、それは、「感官と対象との接触から知識が生ずるが、その知識が知覚である」ということである。

「感官」と「対象」については、あとで順を追って説明がなされることになる。

【六種類の接触】

「接触」は、六種類に分けられる。「結合」、「結合したものへの内属」、「結合したものに内属したものへの内属」、「内属」、「内属したものへの内属」、「限定するものと限定されるものとの関係」、以上である。

この「六種類の接触」は、ヴァイシェーシカ学派最古の教典である『ヴァイシェーシカ・スートラ』の議論を簡略化したものであり、なぜそのような分類になったかについては、そのスートラでの議論をよく踏まえておく必要がある。この部分については、本書九頁以下を参照されたい。

そのうち、眼が感官で、色を有する水がめが対象である場合、感官と水がめとの接触が、「結合」である。この二つはどちらも実体だからである。

また、感官と、水がめに存する色など、実体でないものとの接触は、「結合したものへの内属」である。眼と結合した実体である水がめに、色などが存しているからである。「存している」とは、「内属している」ということである。

感官と、色などに存する普遍（色性など）との接触が、「結合したものに内属したものへの内属」である。

同様に、鼻などと、香などを有する実体との接触が「結合」である。

鼻などと、そのような実体に内属した香などとの接触が、「結合したものへの内属」である。

鼻などと、そのような香などに内属する普遍（香性など）との接触が、「結合したものに内属したものへの内属」である。

耳と音声との接触は、「内属」である。

そもそも、音声の最初のものには、結合より生ずるものと、分離より生ずるものとがある。音声は虚空の性質であるから、虚空に存する結合が原因である場合、その結合は、これから新たに作られる性質や運動が生ずるきっかけとなるものである。きっかけとなるものであって、きっかけとならないものではないのである。

では、結合は、何が生ずるさいのきっかけであるのか。まず、太鼓と虚空の特定の場所との結合が音声の原因であり、その結合を前提とする太鼓と撥との結合を生ずるきっかけとなるものは、撥に存する慣性力である。もしも、太鼓と撥《ばち》との結合が音声の原因であるとすれば、他のものどうしの結合も音声の原因であることになり、音声がどこにでも生ずるという奇妙な事態を想定せざるを得なくなる。

分離より音声が生ずるとは、竹の半片どうしの分離を前提とする、竹の半片と虚空との分離より、音声が生ずるということである。

そうして生じた音声は、あらゆる方向に新たな音声を作る。その新たな音声も、耳孔より成る虚空の場所に到達するまで、次々とまた新たな音声を作るのである。耳孔より成る虚空の場所に内属するもの、つまり音声は、「内属」という接触によって捉えられる。

また、その音声に存する普遍（音声性）は、「内属したものへの内属」という接触によって捉えられる。

内属と無との知覚は、「限定するものと限定されるものとの関係」という接触から生ずる。この「接触」という語は、結合、内属、限定するものと限定されるものとの関係、以上をすべて表示しているから、まことに適切な語である。そこで、この接触が知覚の原因となるというわけで、知覚の定義として述べられるのである。

〔問〕もしも、それが知覚の原因であるからということで「感官と対象との接触」が取り上げられているのだとすれば、この定義はあまりにも狭すぎる。他にも知覚の原因は多数あるのだから、それらも指摘されてしかるべきである。例えば、「自己と意との結合（接触）」、「感官と意との結合（接触）」、「対象と光との結合（接触）」、「対象に存する色」、感官と結合（接触）している対象である実体に存する「大性」や「多くの（三つ以上の）実体を拠り所としていること」、さらにまた、「結果としての知覚」、「記憶〔への転化〕」といったものがそれに当たる。

なぜなら、それらはみな、それが有れば知覚が成立し、それが無ければ知覚が成立しない、というものだからである。ゆえに、「知覚の原因であるから、感官と対象との接触が説かれるのである」と言うならば、右のような原因も、すべて、語られてしかるべきである。

〔答〕その必要はない。このスートラは、原因のすべてを確認することを目的とするものではなく、同種のものと異種のものとを区別することを目的とするものである。「知覚に特有の原因、それがここで述べられるのであって、どの知識にも共通する原因が無いとされているわけではない」ということである。

〔問〕知覚に特有の原因だという理由で、感官と対象との接触だけが述べられるべきだとされているが、それでは、感官と意との接触は、推論などの知識の原因ではないことになってしまう。

〔答〕そうではない。「これ」によって「かれ」も述べられていることになるからである。つまり、感官と対象との接触を述べることによって、感官と意との接触も説かれているのだと理解すべきである。感官と対象との接触は、知覚と推論などとの両者にも特有のものだからである。また、知覚に特有の原因が、すべて表示されなければならないということはない、という意味である。むしろ、「これは他のどのものとも異なる」と言うことは、「他のどのもの」も含意していると考えるべきである。

また、感官と対象との接触が述べられるのは、知覚を他の知識から区別するためである。「感官と対象との接触から生ずる」と規定された知覚は、それ以外の知識からみずからを区別するものである。「感官」も「対象」も、知覚を他の知識から区別するものである。なぜなら、知覚は、「感官」や「対象」によって、それがどのような知識であるかが言語表示されるものだからである。つまり、知覚がどのような知識であるかは、感官の名称を冠して言語表示されるから、あるいは、対象の名称を冠して言語表示されるから、ということである。例えば、

「色識」とか「眼識」とかというように。これにたいして、感官と意との接触によってそのように言語表示されることはない。なぜなら、色を対象とする知識を「意識」と呼ぶことはないからである。

ただし、自己と意との接触から「自己意識」が生ずるときには、「自己」や「意」の名称を冠して言語表示される。

また、「特有のもの」、それが言語表示を可能にするのであって、「共通のもの」はそうではない。例えば、適切な季節などが到来すると姿を見せる若芽は、季節などの名称を冠して言語表示されるのではなく、「麦の芽」というように、それに特有の種の名称を冠して言語表示されるのである。知覚の定義についても同様であるから、何ら問題とはならない。感官と意との接触が説かれないのは、それでは知識のあいだの区別がつかないからである。つまり、感官と意との接触は、知覚という知識を他の知識から区別することができないからである。

〔問〕区別がつかないから述べられないというのであれば、感官と対象との接触も述べられないことになろう。それだけでは、一つの感官によって捉えられる対象の区別がつかないからである。にもかかわらず、「白い（眼の対象）牛（眼の対象）が歩く（眼の対象）」との知覚が得られるのはどうしてなのか。

「白い牛が歩く」は、「これは白い」、「これは牛である」、「これは歩行である」という三つの知覚を統合した判断であって、眼という一つの感官が、一つの対象と接触することでいきなり生ずる知覚とは言えないのである。

〔答〕そのように言ってはならない。すでに答えは示されているからである。つまり、「この定義は、原因のすべてを網羅的に確かめることを目的とするものではない」というように、すでに答えが示されているからである。また、この答えに対する反論として、これはというものは認められないからである。

また、感官と意との接触が述べられないのは、それが共通のものだからである。何と共通のものなのかと言えば、自己と意との接触と共通のものだということである。では、共通のものだとはどういうことかと言えば、それは、言語表示されないということであると、すでに述べてきたとおりである。

あるいは、感官と意との接触は、感官を超越したものを拠り所としていること、それが、自己と意との接触と共通のものだということである。自己と意との接触は、感官を超越したものを拠り所とするが、感官と意との接触もそれと同様だということである。

あるいは、それは、対象にかかわるものではないということである。自己と意との接触は、対象にかかわるものではないが、感官と意との接触も、それと同様である。

あるいは、それは、意にかかわるものだということである。自己と意との接触は意にかかわるものであるが、感官と意との接触もそれと同様である。

ゆえに、感官と意との接触は、自己と意との接触と共通のものであり、そのどちらを言語表示しても同じことを意味するので、知覚の定義では言語表示されないのである。

【感官は対象に到達して機能するものであること】

『ニヤーヤ・スートラ』の第五章に、眼は眼光線というかたちで遠い対象や眼よりも広大な対象と接触するものであると説かれている。眼は火の元素より成るが、「火」の原語はtejasであり、いわゆる火だけでなく光も意味するのである。この眼光線は昼間は太陽光の強さに圧《お》されて見えないが、猫や虎などの夜行性動物の眼光線は人間の眼光線よりも強いので、暗闇のなかではっきりと光っているのが見えるとされる。

ミーマーンサー学派バーッタ派は、はるか遠くの土星などが瞬時に見てとれるのは、土星からの光が我々の近くまで届いており、我々の眼光線がそれと接触するのにほとんど時間がかからないからであるとする。

〔仏教論理学派の反対論〕「感官と対象との接触から生ずる」というのは正しくない。なぜなら、感官は、対象に到達することなく機能するものだからである。

★ある論者たちは次のように論ずる。

眼と耳は、対象に到達することなく機能するものである、と。そして、その理由として、「眼は、対象に到達することなく機能するものである。眼とは隔たりのある（sa-antara〔「中間のもの antara を有する sa-」との解釈による〕）ものを「捉える」（grahaṇa）からであり、また、「眼よりも広大なものを捉えるからである」ということを挙げる。

　離れた場所にあるものが捉えられる、つまり、見えるというわけであるが、眼は、その対象には到達してはいない。眼という感官は、特殊な元素だからである。瞳の先端にある黒い芯であることを特質とするこの特殊な元素は、外的な特殊な元素がそうしたものに精化されたことに影響され、そのことについての渇愛にもとづく業（善悪の行為）を動力因として生ずるもので、それが「眼」と言われるのである。そこで、「そのことについての渇愛にもとづき、色の知覚を促す業によって、眼が生起する。ゆえに、眼は、色の知覚の原因となるのである」と言われるのである。

　もう一つの感官（耳）についても同様である。

　さて、特殊な元素に影響されている眼が、対象に到達することはない。このように、隔たりのあるものを捉えるのであるから、眼は、対象に到達することなく機能するものである。

★別の論者たちは、「隔たりのあるもの」と「説かれる」（grahaṇa）ことそのものが理由であると主張する。対象に到達して機能する鼻などのついては、「隔たりのあるもの」と説かれることはないが、眼についてはそう説かれる。

また、眼は、対象に到達することなく機能するものである。なぜなら、眼は、自身よりも広大なものを捉えるからである。平原とか森林などというかたちの大なるものが眼によって知覚される。しかし、眼がそのような広大なもののようになる、というのはあり得ない。見られるものの空間的な場所が言語表示されるからである。〔例えば、「これは平原である」という知覚とか、「これは森林である」という知覚とかのように。〕もしも、眼が、対象に到達して機能するものであるならば、空間的な場所が言語表示されることはあり得ないであろう。なぜなら、対象に到達して機能する鼻などには、知覚されるものの空間的な場所の言語表示はないからである。

眼は、対象に到達することなく機能するものである。なぜなら、近くにあるものと遠くにあるものとが同時に捉えられるからである。隔たりのなかで目標のあるものは、目標を目指して進み、近いものは早く、遠いものは遅く到達する。ところが、すぐ近くの木の枝と、はるかに遠くの月とが同時に捉えられることは明白な事実である。それゆえ、眼は、対象に到達することなく機能するものである。

〔我々による仏教論理学派の見解への反論〕まず、仏教論理学派は、「眼は、隔たりのあるものを捉えるから」と言ったが、それは理に合わない。そのように考えることは不可能だからである。

そもそも、「隔たりのあるものを捉える」とは、何を意味するのであろうか。それは、「眼は、隔たりのあるもの（sa-antara、中間のものを有するもの）で、到達していないものを捉える」という意味であろうか、それとも、〔sa-antara は、「中間のもの antara と共に saha-」とも解釈されるので、〕「眼は、中間のものと共に（saha-antara）対象を捉える」という意味なのであろうか。

まず、「到達していないものを捉えるとは、隔たりのあるものを捉えるということである」という一番目の論を認めるとした場合、この論は、推論式の「主張」の内容があるだけで、それに続くべき「理由」が無いことになるのではないか。なぜなら、理由の内容が、主張の内容にそっくり包み込まれているからである。

つまり、推論式で言えば、「〔主張〕眼は、対象に到達しないで機能するものである。〔理由〕対象に到達しないでそれを捉えるものであることのゆえに」ということになる。この場合、理由の内容は、主張の内容と異なることがないのである。

では、もう一つの、「眼は、中間にあるものと共に対象を捉える」という論についてであるが、そもそも、その「中間にあるもの」とは何であるのか。

「眼が、対象と共に知覚するもの」というのであろうが、それは、対象とは別の、眼と対象との中間にあるもの、つまり虚空や無ということであるのか。

もしも、それが虚空であるとしても、それは眼の対象とはならない。つまり、「〔主張〕虚空は眼によって捉えられることがない。〔理由〕色を有しないものであることのゆえに。〔喩例〕風のように」というわけである。

もしも、色を有する実体が、「中間にあるもの」という語が指すものであるとするならば、それは眼の対象とは別のところに置かれているものであるから、眼が、そのようなものと共に対象を捉えることはあり得ない。

では、無が、「中間にあるもの」という語が指すものであるのか。それでは、「無は眼の対象である」ということが、本質的に成り立たないことになる。したがって、「眼は、中間にあるものと共に対象を知覚する」ということは、その理由が一つところに定まらない主張であることになる。

と、ここまで来ると、もはや他の選択肢はない。ゆえに、「隔たりのあるものを捉える」という言い方も、「中間にあるものと共に捉える」という言い方も、中身が空っぽのものでしかない。学識があるとされる人々も、「隔たりのあるもの（sa-antara）を捉える（grahaṇa）」という文言について、これは、「隔たりがある（sa-antara）との（iti）把捉（grahaṇa）」のことだと解釈を施しているが、これもまた、理に合わない。

なぜなら、「隔たりがあるとの把捉」は、別の観点よりすれば可能だからであるが、その観点とは、対象を見る人の身体という基準点をきっかけとして、「隔たりがあるとの把捉」があるするものである。対象を見る人の身体を基準点として、「隔たりがある」とか「隔たりがない」とかの把捉は生ずるのであって、「感官が到達する」とか「感官が到達しない」ということをきっかけとして生ずるのではない。身体と感官との両者が対象と接触するとき、「隔たりがない」との把捉が生じ、身体を離れたところで感官が対象と接触するとき、「隔たりがある」との把捉が生ずる。ゆえに、「隔たりがある」との把捉は、感官とは別のものである身体をきっかけとするものであるから、「隔たりがある」との把捉を根拠として、「眼は、対象に到達しないで機能するものである」とすることは成り立たない。

次に、「眼は、自身よりも広大なものを捉えるから、対象に到達しないで機能するものである」とする見解も、理に合わない。眼に限らず、感官は、対象と接触することによってのみ、大なるものや小なるものを捉えるからである。感官が対象と接触することによってのみ、大なるものとか、小なるものとか、対象の違いに対応する理解が生ずるのである。ゆえに、この問題も、そのように考えなければならないのである。

また、「見られるものの空間的な場所の言語表示があるから」とも言われたが、そうした理解も、身体という基準点をきっかけとするものであるから、すでに我々によって論駁済みである。感官と身体との両者が対象と接触するとき（鼻、舌、皮膚が対象と接触するとき）、対象について、空間的な場所の言語表示はない。それにたいして、身体を離れて感官が対象と接触するとき、身体を基準点として、感官と結合した（接触した）ものとのあいだの単位距離数の量の多寡に対応するかたちで、対象について、空間的な場所の認識と、「近いもの」とか「遠いもの」とかの認識が生ずるのである。

また、「木の枝と月とが同時に捉えられるから」と言われたが、これもまた理に合わない。承認されていない見解だからである。正気の人で、「木の枝と月は同時に捉えられる」ということを理解できる人はいるであろうか。感官が対象を捉えるのにかかる時間の違いを捉えることはできないから、そうした誤った理解が生ずるのである。睡蓮の百枚の花弁がまるで同時に開くと考えるような誤った理解なのである。

「感官は、対象に到達して機能するものである」と考えられるのは、さもなければ、遮蔽ということが意味を成さないことになるからである。

もしも、眼が、対象に到達しないで機能するものであるならば、壁や幕などの遮蔽物は用をなさない、つまり、遮蔽ということが成り立たないということになろう。遮蔽物によって隔てられた対象は知覚できない。ゆえに、感官は、対象に到達しないで機能するものではない。

また、仏教論理学派の見解では、遠くのものは知覚できないが、すぐ近くのものは知覚できるという対応関係が成り立たないであろう。すなわち、眼が、到達しないで対象を捉えるのであれば、遠くのものは見えないが近くのものは見えるということはあり得ないことになる。ところで、遠くのものは見えないが近くのものは見えるというのは、誰でも知っている事実である。ゆえに、感官は、対象に到達しないで機能するものではない。

「ものが対象となるからである」と言うならば、そうではない。感官と接触することなしにものが対象となる、と承認されることはないからである。

もしも、「眼の対象となっているものは知覚されるが、そうでないものは知覚されない。遮蔽物によって隔てられたものや遠くにあるものは、眼の対象となることはない。だから、そうしたものは捉えられない」と言うのであれば、それもまた違う。感官と接触することなしに、ものが対象となることは、承認されることではないからである。感官と接触することなしに対象となるものとはどのようなものか。仏教論理学派の論客である貴君たちの想像力だけが破綻しているのであって、「もの」が破綻しているのではないのである。

我々は「接触」と言い、貴君たちは「ものが対象となる」と言う。これは動かせない事実である。

さて、眼は、対象に到達して機能するものであるが、その「理由」は、「眼が感官であること」に他ならない。推論式で言えば、「〔主張〕眼は、対象に到達して機能するものである。〔理由〕感官であることのゆえに。〔喩例〕鼻のように。鼻などの感官が、対象に到達して機能眼は、対象に到達して機能するものであることは、周知のことである。〔適用〕眼もそうである。〔結論〕ゆえに、眼は、対象に到達して機能するものである」となる。

また、もしも、どの感官も、対象に到達して機能するものであると認められないならば、あらゆるものを一々主語にして、「〜は道具であるから」と言わなければならなくなるか、「あらゆるものがひっくるめて道具である」と言わなければならなくなるであろう。ところが、道具は、対象に到達して機能するものである。諸感官もそうである。ゆえに、諸感官は、対象に到達して機能するものである、となる。

また、大言壮語を吐いて、諸感官が、対象に到達しないで機能するのだと考えているのであれば、何と言うべきであろうか。しかし、そのように妄想を逞しくする人でも、もろもろの原因がしかるべき結果を生ずる力を持つことになっているはずだと思い込んでいるのに、一向に結果が生じないことに妄想が破綻し、正気に戻るに違いない。

本当のところ、諸々の原因が結果に到達して関係を持ち合うことを顧みることなく、しかるべき結果を生ずる力がないなかで、何としても結果を新たにつくりたいと思うならば、なぜ一向に結果が生じないかと考えるべきである。

ゆえに、原因は、結果に到達しないで機能するものではない。世間では、「〔陶器を作るさいの〕たくさんの棒とたくさんの轆轤《ろくろ》」（必要なものでも多すぎれば無用の長物となる）との諺がある。これによって、スートラの、「感官と対象との接触から生ずる知識」という文言は確定された。

【「〔感官と対象との接触から生ずる〕知識」との文言について】

では、その文言のなかで、「知識」と言ったのは何のためか。「楽」などを排除するためである。感官と対象との接触から、楽なども生ずる。それを排除しておくために、「知識」と言われたのである。

また、ヴァーツヤーヤナは、スートラの註である「バーシヤ」で、「感官と対象との接触から生ずる知識は、対象の名称のことばを冠して言語表示される」との異見を紹介し、その見解を否定するために、「スートラ」で「感官と対象との接触から生ずる知識は、言語表示されない」と説かれたのだとする。

名称のことばと対象とが結びついていないもの（言語表示されないもの）についての、しかも、対象の違いに対応する当該の知識、それが知覚であり、そのあとに生ずる「名称のことばと対象とが結びついたものについての知識」も、それが生ずるときには、先行する知覚とまったく変わるところがない。

ある人々は、「言語表示されない」という文言によって、その知識が推論であることが否定されているとするが、それはお門違いである。なぜなら、スートラには、「感官と対象との接触から生ずるもの」と説かれているからである。つまり、感官と推論の対象との接触から推論が生ずることはないということである。ゆえに、スートラのこの知覚の定義が、推論まで含んでしまう心配はないのである。

【「逸脱のない」との文言について】

ヴァーツヤーヤナのバーシヤには、「夏に太陽光線が」とあり、陽炎を水だと見るのも知覚かという問題にたいし、それも知覚であるとの考えを否定するために、「逸脱のない」とスートラに説かれているのだとされる。

では、逸脱があるものとは何か。甲でないものを甲だとするものである。では、逸脱のないものとは何か。それは対象であるのか、それとも知識であるのか。ある人々は言う。「対象に逸脱がある。ものは実際にはそうではないから。ものの逸脱により、それを対象とする知識も逸脱するのである」と。

この考えは正しくない。なぜなら、正しく捉えられようが間違って捉えられようが、捉えられるものは元のままだからである。揺らめいている太陽光線を水だとする知識が生ずる場合、ものには逸脱がない。見たものが太陽光線ではないということではなく、また、それが揺らいでいるのではないということでもない。そうではなく、甲でないものを甲だとするように、知識が逸脱するのである。というのも、そこには水はないからである。感官を狂わせる悪状況のゆえに、人は、狂わされた感官で太陽光線を見て、そして間違えるのである。ゆえに、逸脱は知識にあるものであって、対象にあるものではない、ということになる。

【「決知を本質とする」との文言について】

バーシヤには、「遠くから眼で対象を見ている人は、それが何であるか確認できない」とあり、そうした場合を知覚から排除するために、「決知を本質とする」と、スートラは述べたのだとされる。

〔問〕そのように考えてはならない。疑惑は、感官と対象との接触から生ずるものではないからである。つまり、感官と対象との接触から、疑惑が生ずることはない。そうではなく、疑惑は意の知識である。ぐずぐずとはっきりさせられないことが疑惑である。

〔答〕まったく違う。疑惑は、二つのものをきっかけとするものだからである。二つのものとは、疑惑のきっかけとなる二つのもの、つまり、「感官による認識」と「意による認識」のことである。感官と対象との接触では確認できなかったあとに、意でも確認できなかったと、この前後して確認できなかったことが、一つところに合わさっているのである。つまり、感官と対象との接触が、疑惑の原因である。ただし、「感官と対象との接触から生ずる」というように、「そのあとに」という文言が省かれているということである。ゆえに、限定するものには限定される対象がある、というわけで、「決知を本質とする」という文言は、理に合っているのである。

【意は感官であることについて】

〔問〕「感官と対象との接触から生ずる」云々という知覚の定義は、自己の知覚や楽の知覚には適用されない。意は感官ではないから、この知覚の定義は、定義されるものを遍満していない。だからである。

では、なぜ、意は感官ではないのか。それは、感官を扱ったスートラの一連の議論のなかに、意は説かれていないからである。鼻などの感官は、みな、そこで説かれているが、意は説かれていない。ゆえに、意は感官ではない。また、スートラの別の個所にも説かれていないのであるから、意が感官であるとする根拠はない。ゆえに、意は感官ではない。

〔答〕そうではない。楽などは知覚されるものである。

楽などは、知覚されるものであって、推論されるものではない。論証上の目印（推論式のなかの「理由」）がないからである。論証上の目印がなければ、論証されるべき対象は認識されない。また、楽などを認識させる、その他の真知の道具はない。

楽などは、推論によって知られるものではない。その他の選択肢はない。ゆえに、楽などは知覚によって捉えられるものだということが、周知されるべきである。

ある人は、「楽などは、知覚されるものではない」と論ずる。「知覚は感官と対象との接触から生ずる」と論ずる我々は、なぜそのようなことが問題となるのかと言う。意は感官であるから、楽などの知識は、感官と対象との接触から生ずるものである。

また、スートラに意が説かれていないのは、意が、他の感官と属性を異にしているからである。属性を異にしているとはどういうことか。それは、あらゆるものを対象とする感官であるか、そうでない感官であるか、という違いである。意は、あらゆるものを対象とするが、他の感官はそうではない。「〔主張〕意は、あらゆるものを対象とするものである。〔理由〕記憶の内属因（自己）との結合の拠り所であることのゆえに。〔喩例〕自己のように。また、〔理由〕すべての感官を支配するものであることのゆえに。〔喩例〕自己のように」ということである。

また、意と他の感官との違いは、元素より成るものであるか、それとも、元素よりなるものではないか、との違いではない。両者は互いに排除し合う関係にあることになってしまうからである。じつは、意は、元素より成るものでもないし、また、元素より成るものではないものでもない。元素より成るものであることと、元素より成るのではないこと、この二つは、結果としての実体（地、水、火、風）の属性であるかどうかの話である。ところが、意は、結果としての実体ではない（部分を有するものではない）。ゆえに、意は、元素より成るものではないし、また、元素より成るのではないものでもない。

このことは、耳についても言えることである。「元素より成るものと元素より成るのではないものという定義よりして、他の感官とは属性を異にするから、意がスートラに説かれていないのである」とするならば、耳も、スートラに説かれるべきではないことになる。なぜなら、耳は、元素より成るものでも、元素より成るのではないものでもないからである。

「知識は、それぞれに固有の対象に対応している」と言うのであれば、それは違う。それでは、知識が意味のないものになってしまうからである。「この知識は、固有の対象より成るものであり、あの知識は、元素そのもの、あるいは元素より成るものである」という風である、ということはまったくあり得ない。知識が、意味のないものになってしまうからである。つまり、「この知識は、固有の対象より成るものであり、あの知識は、元素そのもの、あるいは、元素より成るものである」ということにはまったくならない。知識が、意味のないものになってしまうからである。

また、「意は、感官を論ずる個所にもその他の個所にも、言及されていないではないか」と言われるが、そのようなことはない。諸々の知識は、同時に生ずることがないからである。「諸々の知識が同時に生じないことが、意を論証する目印である」とスートラに説かれているからである。この文言によって、意が知覚の道具であることが説明されたことになる。

意は、一つの生き物に一つしかない。その意が、対象の情報を捉えた感官と知る主体である自己とのあいだを、猛烈なスピードで行き来するとされる。目の前にいる人の姿を見ながらその人が語ることばを聞くとき、眼による人の姿の知覚と、耳による人のことばの知覚とは、決して同時のものではない。何らかの理由で眼による知覚が強烈なものである場合、意は、眼と自己とのあいだばかりを行き来し、耳には向かわないことがある。「あまりもの光景に眼を奪われて、すぐ近くにいる人のことばが耳に入らなかった」という、誰にでもある体験は、このためである、と説明することが可能だということである。ここから、意は、「思考力」だけでなく、「注意力」でもあるとされるのである。

「対象と性質を同じくするものであるかないか、これが、感官と意との属性の違いである」と考えるのは、理に合わない。それでは、耳が、感官の一つとして数えられなくなってしまうからである。ゆえに、外的な感官と意との属性の違いは、あらゆるものを対象とするかしないかである、とするのが理論の簡潔性の上から、勝れているのである。

また、他の学派の教学典籍にも説かれているからである。つまり、他の学派の教学典籍にも、意は感官であると明示されている、ということである。そうした他学派の見解は、我々の教学典籍で否定されてはいない。

「否定されていないから受け容れられる、というのは正しくない。意以外の感官の記述が無意味になってしまうからである。意以外の感官の記述が、貴君たちの学派の教学典籍で明快に記述されているが、もしも、他学派の見解が、御自身の学派の教学典籍で否定されていないから受け容れられるとするならば、御自身たちで敢えて説明する必要はないことになろう」というのは正しくない。

貴君たちは、教学典籍についての根本原則を理解しておいでではないからである。貴君たちは、教学典籍についての根本原則を熟知しておいでではない。「他者の見解は、否定されなければ、みずからの見解として承認される」というのが教学典籍についての根本原則だからである。

また、貴君たちは、自身の見解をしっかりと捉えていないので、他者の見解も自身の見解も、区別がつかないのである。

また、貴君たちは、他者の見解に、揚げ足取りをしようとの魂胆からいたずらに寄り添うふりをするあまり、御自身の見解を見失う結果に陥っているのである。御自身の見解のすべてを見失う結果に陥っているのであるから、これは自分たちの見解、これは他者の見解、という区別もつかないのである。

ゆえに、意は、たしかに、感官なのである。

ゆえに、「楽などの知識は、感官と対象との接触から生じたものである」との定義は、定義されるものの領域をすべて遍満しているものとして、理に合ったものなのである。

【知覚の定義が確定される根拠】

「定義」には、全面的なものと部分的なものとがあるのではないか、との疑惑がある。問題となっている知覚の定義は、はたして全面的なものであろうか、それとも部分的なものであろうか、との疑惑が生ずる。なぜなら、問題となっている知覚の定義については、全面的な定義と部分的な定義と、この両方が見られるからである。

「欲求、嫌悪、内的努力、楽、苦、知識は、自己が有ることの論証上の目印である」というのは、部分的な定義である。一部分に限って論じているからである。「〔欲求、嫌悪、内的努力、楽、苦、知識は、すべて、自己に〕共通する複数の属性であると考えるのが理に合っているからである」などというのも、部分的な定義である。

また、「別の意味を無理に押し付けて議論を妨げること、これが詭弁である」というのは、全面的な定義である。この全面的な定義によって、詭弁が定義されるのである。

「よく知られたものとの類似性によって、論証されるべきものを論証すること、これが類推である」というのも、全面的な定義である。

しかし、今問題となっている知覚の定義については、はたしてそれが全面的なものであるのか、それとも部分的なものであるのか、という疑惑がついてくる。この疑惑にたいしては、いや、これは、全面的な定義であると、我々は言おう。なぜなら、今問題となっている知覚の定義によって、推論、類推（底本では「楽」であるが、明らかに誤り）、ことばによる知識、取り違え、疑惑が、ことごとく排除されるからである。

もしも、「感官と」、「対象との」、「接触から」、「生ずる」、「知識が」、知覚である、というように、文章全体としてではなく単語の一つ一つが独立して表示されるとすれば、一つの単語だけに収められている意味を切り離して取り上げ、「ならば、その意味するところが知覚なのであろう」と断定する結果、推論なども知覚に他ならないとの曲解も出かねない。

同様に、二つの単語に収められている意味を切り離して取り上げれば、二つの単語に対応するものが知覚に他ならないとの曲解も出かねない。

同様に、三つの単語に収められている意味を切り離して取り上げれば、三つの単語に対応するものが知覚に他ならないとの曲解も出かねない。

同様に、四つの単語に収められている意味を切り離して取り上げれば、四つの単語に対応するものが知覚に他ならないとの曲解も出かねない。

ゆえに、一つの単語とか、二つの単語とか、三つの単語とか、四つの単語とかを切り離して捉えることをやめて、五つの単語を一括して把握することで三十億個にもなろうかという他の単語を排除して、それによってまとまった意味を伝えることが可能になるもの、それが、全面的な定義であると言われるのである。

その三十億個にもなろうかという他の単語のうち、五億個の単語が、一つの単語を完全に把握することで排除され、十億個の単語が、二つの単語を完全に把握することで排除され、十億個の単語が、三つの単語を完全に把握することで排除され、五億個の単語が、四つの単語を完全に把握することで排除される。そして、合計三十億一番目の五つ目の単語が、本当の意味を完全に把握させるものとして受容されるのである。

特定のものを肯定することは、それ以外のものを否定することであり、特定のものを否定することは、それ以外のものを肯定することである。

特定のものを肯定することは、それ以外のものを否定することである。例えば、「この人は右眼でものを見る。ゆえに、この人は左眼でものを見ない」というように。

特定のものを否定することは、それ以外のものを肯定することである。例えば、「この人は左眼でものを見ない。ゆえに、この人は右眼でものを見る」というように。

このように、知覚の定義についても、一部分を肯定すれば、それ以外の部分を否定したことになり、また、一部分を否定すれば、それ以外の部分を肯定したことになるのである。ということで、何が知覚であるかが確定されたことになる。

【知覚の定義をめぐる仏教論理学派との問答】

〔仏教論理学派の主張〕対象からじかに知覚は生ずる。

〔我々からの問〕「対象からじかに」ということはあり得ない。当該の対象（例えば水がめ）

の知覚は、「水がめの知覚」と言語表示される。もしも、「水がめという対象からじかに水がめの知覚が生ずるのであって、それ以外のものから生ずることはない」と言うのであれば、その水がめの知覚が、推論から生ずる知識であることは否定されるとはいえ、水がめという対象からじかに水がめの知覚が生ずることはない。どういうことかと言えば、水がめという対象とそれとは別のもの〔感官〕から、水がめの知覚は生ずるのであって、水がめがあるという、ただそれだけのことで、いきなり、水がめが捉えられることはあり得ない。「水がめという対象から水がめの知覚が生ずる」というのは、「生じた知覚の対象は水がめである」と言っているだけの話に過ぎない。

〔仏教論理学派の主張〕生じた知覚が水がめの知覚であることをはっきりとさせるために、「対象」という語が用いられるのである。

〔我々からの反問〕貴君たちが言いたいことはこういうことか。すなわち、「『対象』という語が用いられるのは、生じた知覚が、他ならぬ水がめの知覚であることをはっきりさせるためである。『対象からじかに』と言ったのは、そういう意味においてである」と。

しかし、貴君たちのこうした考えは理に合わない。どのような語であれ、その語が指すものが何であるかをはっきりさせるためであることは、当たり前のことである。「蛇」(ab-bhakṣa〔文字通りに訳せば「水を摂取するもの＝水を飲むだけで生きられるもの」〕)というように。我々の知覚の定義では、知覚から推論などが排除されるということも、貴君たちに反論するかたちで答えられたことになる。

〔仏教論理学派の主張〕「対象からじかに知覚が生ずる」ということによって、勝義の智慧に反する世俗知が取り除かれたことになるのである。

〔我々による反問〕どうして世俗知が取り除かれたことになるのか、我々には理解できない。もしも、貴君たちが、「〔水がめに存する〕色などから生ずる知覚が『水がめの』知覚と表示されると言われるが、色などから水がめの知覚が生ずることはない、というようにして、世俗知が取り除かれるのである」と主張するならば、そのような考えは理に合わない。というのも、色などから生ずる〔「これは赤い」などとの〕知覚が、「水がめの」知覚と表示されることはないからである。色などから生ずる知覚は、「色などの」知覚であり、水がめから生ずる知覚は、「水がめの」知覚であり、ここに何の問題もない。

また、貴君たちが、「布などは、色などと別物ではない」と思い込みたがるとしても、それは、論敵をもてあそぶ快感に浸っているだけのことである。水がめなどが、色などとは別物であることについては、後述する。

「すべての知覚は、その対象から生ずる」のだとすると、「対象を捉える」ということが意味を成さないことになる。

〔仏教論理学派の主張〕甲でないものを甲であるとする取り違え〔錯誤〕は、甲でないものから生ずるのではないか。

〔我々の答〕「甲でないものから、甲であるとする取り違えが生ずる」のではなく、「甲でないものを甲であるとする取り違えが生ずる」のである。貴君たちは、取り違えについても、よく御存知ではない。

さらに、対象を捉えることがなければ、知覚はどこかにぽつんと取り残されることになる。ゆえに、貴君たちが唱えていることは、「定義」の名に値しない。貴君たちの言う通りならば、知識は、みな、知覚だということになろう。たとい、貴君たちが崇める文言を文字通りに受け止めたとしても、捉えられる対象と捉える知覚が同時に生ずることはないのであるから、それならば、知識は、みな、知覚ならざるものであることになろう。

〔仏教論理学派の主張〕「消える」と「生ずる」とは、同じことである。（有るものはみな刹那滅のものである。）

〔我々の答〕そうではない。実例がないからである。すなわち、「消える」と「生ずる」とに共通する、相同のものとしての実例はない、ということである。消えた対象が知覚されるとでも言うのであろうか。

〔仏教論理学派の主張〕「消える」と「生ずる」とは、等しい、という意味である。

〔我々の答〕貴君たちは、「消えることと生ずることとが同時に存立していることを示す実例がある」と考えているのかもしれないが、とんでもない話である。すでに、貴君たちへの反論はなされ終わっているからである。貴君たちが水晶などのように美麗なものと讃えてやまない文言は、すでに反駁済みなのである。

〔仏教論理学派の主張〕知覚は、分別を離れたものである。

では、分別とは何か。それは、知識が名称や普遍と結びついていることである。名称によって表示されず、普遍によって表示されず、自身の対象そのものに対応し、決定的であり、〔自己によって追認識されるのではなく、〕当該の知覚自身の内で追認識(ātma-saṃvedya、漢訳で「自内證」、sva-saṃvedya とも)されるもの、それが知覚である。と、我々の教典には伝わっている。

〔我々の答〕そのように主張する者たちには、つぎのように問いたい。では、「知覚」という語によって何が表示されているのか、と。もしも、それが知覚であると言うならば、どうして、知覚は名称によって表示されないと言うのであるか。もしも、それが知覚でないと言うならば、「知覚」という語は、何も表示しないものであることになる。

もしも、「知覚」という語は普遍を表示しているのだと言うならば、その普遍なるものは、知覚と異なるものなのであろうか、それとも、知覚と異なるのではないものなのであろうか。

もしも、知覚と異なるものであるとするならば、「知覚」とは言われないことになる。

もしも、知覚と異なるのではないものであるとするならば、どうして「知覚」と言われないのであろうか。

もしも、「分別を離れたものである」との語によって、知覚が表示されていると言うのであれば、貴君たちの主張は自己破綻している。もしも、そのようには表示されてはいないと言うのであるとしても、それでは、「分別を離れたものである」との語は意味を成さないことになる。

また、「知覚は分別を離れたものである」というのは文章であるが、この文章の指し示すものは何か。

もしも、それは知覚であると言うならば、貴君たちの主張は自己破綻している。なぜか。知覚は、「知覚は分別を離れたものである」という文章によって表示されているが、同時にまた、表示されないものであるとは、貴君たちのような大徳《だいとく》様を措いて、このように言える人が誰か他にいるであろうか。

もしも、この文章が指し示すものは知覚ではないと言うのであれば、「知覚は分別を離れたものである」という文章は、ただ声を発しただけのものであることになろう。

知覚は「無常のもの」などの語が指し示すものだと貴君たちは言うのであるから、知覚は、絶対に表示されないというわけでもなかろう。知覚は「無常のものである」とか「苦のないものである」とか「中身が空っぽのものである」とかのことばが指し示すものであることになるが、それなのに、なぜ、表示されないものだと言うのか。もしも、そうではないと言うならば、「すべて、作られたものは無常である（諸行無常）」という文言を、かの健勝なるお方（お釈迦様）は説かれるべきではなかったということになろう。

「本質的に、知覚は表示されないものである」ということが、「知覚は分別を離れたものである」という文章が指し示すものであると言うならば、すべてのことばの対象は知覚であることになってしまう。

ここから分かることは、どれほどよく修学に努めた仏弟子でも、語が指し示すものはそもそも何かを説明できる人が誰もいないということである。いかなる仏弟子も、それを説明する機会がまったく与えられていないからである。

また、すべてのものには、普遍という側面と、特殊という側面との、二つの側面がある。そのうち、ものは、普遍という側面によって〔肯定的に〕表示されるのであって、特殊という側面によって〔否定的に〕表示されることはない。特殊という側面は、そもそも、表示されるものではないので、言及されることはない。

どういうことかと言えば、「人」という語の対象が、絶対に婆羅門ではない、ということはないからである。ある人が持つ固有の属性は、その人が別の人ではないという観念をもたらす原因であるが、同時に、その人が婆羅門であることは表示されないから絶対に言及されない、ということにはならない。

同様に、知覚も、普遍という側面と、特殊という側面とを有する。知覚は、特殊という側面から表示されることはなく、普遍という側面から表示されるのである。もしも、「知覚は、特殊という側面によっては表示されない」というのが知覚の定義だとしても、そのことは、知覚に限ったことではない。これは、過去時、未来時、現在時の三時の知覚の定義である。ゆえに、これで知覚の定義が説かれたということにはならない。

もしも、「知覚は分別を離れたものである」という文章によって、本質的に、知覚が言語表示されないものであると言うとしても、貴君たちの主張の自己破綻は已むことがない。

「本質的に、言語表示されない」という、まさにこの文言によって、知覚は言語表示されているのであるから。もしも、「本質的に、言語表示されない」という文言によって何か言語表示されていることはない、と言うのであれば、「知覚は分別を離れたものである」との文言が発せられるというのはどういうことであるのか。事態をまともに説明できないのであるから、これは、口を封じられた者の夢想のようなものでしかない。

「知ったことをことばにすれば、すべては嘘、迷妄になるのであれば、何も語らないこと以外に道はないであろう」との揶揄である。

このように、貴君たちが説くこの知覚の定義を考察すればするほど、理に合わないことがますますはっきりとするのである。

「人が感官を正しく用いたときに知識が生ずるが、それが知覚である」と貴君たちは言うが、これも疑惑の種であるから、定義ならざるものである。そこで、「知覚についての金科玉条をかつぎ上げる者たちによって語られたもの」とされるのである。

以上によって、知覚は、感官と対象との接触を、意が照らし出すときに生ずるものであるということが、改めて答えとして提示されたことになる。このことは、耳などについてもあると言える。

なぜか。五つの単語を完全に把握することによって、知覚の定義が説かれたことになるのであり、五つのうちの一つでも、単語を完全に把握することがなければ、そこで定義される知覚は、ただの似非《えせ》知覚でしかない。また、この道理に則って説かれていない知覚の定義は、仏教論理学派の定義と変わるところがないのであるから、定義ならざるものである。

以上で、知覚の定義の解説は終了する。

II

参考：他学派の知覚論

ナーラーヤナ『マーナメーヨーダヤ』
（ミーマーンサー学派バーッタ派、「真知の道具と対象の解明」）

第二章　知覚

〔一〕〔知覚、推論、ことば、類推、論理的要請、無（不知覚）という六種の真知の道具のうち、〕感官との接触から生ずる真知が知覚である。感官にはどのようなものがあるのか。眼、舌、鼻、皮膚、耳、意、以上の六種の感官である。

論理学派のうち、初期ヴァイシェーシカ学派は、知覚と推論の二つを、ニヤーヤ学派は、知覚と推論と類推とことばの四つを真知の道具とする。両学派とも、論理的要請は推論の一形態であり、無は知覚の対象であって真知の道具ではないとする。

〔二〕眼というのは、瞳のなかにある火であり、舌は、舌先にある水の成分であり、鼻は、鼻腔にある地の成分であり、皮膚というのは、全身に広がっている風の成分であり、耳は、耳孔にある虚空に他ならず、意は、遍在するもの（極大のもの）でありつつも、意を有する人の身体に結果をもたらすものである。

伝統的な仏教の知覚論（十二処十八界説）では、意の対象は森羅万象（法、ダルマ）であるとされる。これを言い換えれば、意は森羅万象と結びつくのであるから、その意味で「遍在するもの」である。

論理学派は、意は原子と同じく極小であり、感官が捉えた対象の情報を、猛烈な速さで自己に伝える役割を担うものと考える。大きさは違うが、おおよそ「脳」であると考えて問題はないと私は考える。

〔三〕そのうち、色の知識は、何らかの原因があって生ずるものであると一般的には理解されるので、燈火などの火こそが色の知識の原因であると経験的に認められることから、眼は火より成るものであると想定される。

また、味の知識にもその原因があるはずだとされるのであるが、水が、乾いたものに味を顕わにすることが経験的に認められることから、舌は水より成るものであると想定される。

また、栴檀に存する地より成る樹皮の粉末を皮膚に塗ること（塗香《づこう》）が、香を顕わにすることが経験的に認められることから、香を顕わにするものと想定される鼻は、地より成るものである。

また、扇の風が、身体に付着した水の触を顕わにすることが経験的に認められることから、触を知覚させる皮膚と感官は、風より成るものである。

それに対して、音声を捉えるものと想定される耳は、残余法により、虚空を本性とするものである。つまり、こういうことである。眼などは、眼以外の感官を作るものによって作られているとは経験的に認められないから、火などの元素は、耳より他の感官を作るものであるから、それらが耳であることはない。内官である意以外の外的な感官は〔地、水、火、金の何れかの〕元素より成るものでしかないと経験的に認められることから、残余の元素である虚空こそが耳なのである。

〔四〕論理学派は、音声は虚空の性質であるから、音声を捉える耳は虚空であると主張する。しかし、音声が虚空の性質であることは認められないので、その主張は理に合わない。

　バーッタ派は、ことば（śabda、シャブダ）は実体であり、常住のものであるとし、音響（dhvani、ドヴァニ）は風という実体の性質であり、無常のものであるとする。

　論理学派は、音声（シャブダ）は虚空という実体の性質であり、それが「ことば」であろうが「音響」であろうが無常のものであるとする。

ミーマーンサー学派とニヤーヤ・ヴァイシェーシカ両学派とのあいだでは、西暦紀元後二〜三世紀頃に、シャブダは常住のものであるか無常のものであるかを巡って、激しい論争が闘わされた。しかし、「シャブダ」なる語が一義的なものではないため、論争は肝腎のところで噛み合うことはなかった。とは言え、この論争は、その後、言語論哲学の精密化だけでなく、広く知識論体系で用いられる数多くの術語の定義の厳密化を大いに促したことは確かである。

〔五〕それはさて措き、意は、楽など、外的な感官では捉えられないものを捉える感官であると想定される。また、意は、遍在するもの（極大のもの）であると考えられる。遍在するものであるとはいえ、意は、意を有する人の身体に局限されてこそ感官の機能をはたすものであるから、身体のあるところでのみ結果をもたらすのである。色を捉える知識の場合にも、意は、眼などに依拠して機能をはたすのである。推論などの場合でも、意は、論証上の目印を助けにして機能するのである。と、以上である。

〔六〕さて、感官なかでも、眼と耳については、それが対象に到達して機能するものであるか否かについて、異論が出されている。とはいえ、眼も耳も外的な感官であるから、皮膚などのように、対象に到達して機能するものであると考えられる。それにしても、眼は、自身よりもはるかに広大な大地などを捉えるから、末広がりのものであることが火の本性であると考えざるを得ないのである。また、眼は、瞬きする間に、はるかに遠い土星などを捉えることから、外界に遍満する火（tejas ＝光）と、人から発する眼の光とが一体化するのであると想定される。外界の火（＝光）があらゆるところに遍満するからといって、ケーララ地方（アラビア海に面するインド南端の地方）からガンジス川（北インドを流れる大河）が見えるとの奇怪な論理的な帰結に陥ることはない。眼の光は、見る人が有する不可見力に支えられた外的な光の一部とのみ一体化するからである。

「不可見力」は、論理学派、とくにヴァイシェーシカ学派の術語であり、人が有する功徳と罪障を指す。功徳も罪障も、見ることはできないが、時と場合に感応して力を発揮するものであると考えられている。

〔七〕これにたいして、論理学派は、眼がはるか遠くのものを見ることができるのは、眼光が猛烈な速さで動くものだからであるとする。しかし、眼が、はかり知れないほどの距離数を隔てたものである土星などをも瞬時に捉えるというのは、眼光の速さだけでは説明できない。ゆえに、我々が、論理学派の見解を採ることはない。

〔八〕こうした眼などは、顕現した色と触を有しないので、知覚によって捉えられることはない。

〔九〕以上で感官の説明は終わりである。

さて、接触には、結合と、結合したものとの同一性との二種類がある。地、水、火は、眼や皮膚という感官との結合から把握される。風は、皮膚との結合から把握される。空間、虚空、暗闇は、眼との結合から把握される。音声は、耳との結合から把握される。自己は、意との結合から把握される。この自己と意とは遍在するもの（極大のもの）との間には結合があるが、それは、両者には、新たに結合が生ずることがないことによる。時間は、「同時」などの観念の原因であるが、それが時間を対象とすることと感官から生ずることについては後述するとして、とりあえず、時間は、あらゆる感官から生ずるものであるから、あらゆる感官との結合から把握される。

バーッタ派は、実体として、地、水、火、風、暗闇（影）、虚空、時間、空間、自己、意、ことば、以上の十一種類を挙げる。

〔一〇〕これにたいし、眼と結合した地などの本性である普遍や運動が把握される場合、結合したものとの同一性が接触である。次のように言われている。

「色などの知覚の原因は、感官と結合した実体との同一性（不可分離の一体性）であると我々は考える。したがって、他の種類の接触を考える必要はない」と。

また、普遍、性質、運動に存する有性、色性、運動性が把握される場合、それらは、間接的に実体の本性と言えるので、結合したものとの同一性こそが接触であると我々は考える。

論理学派は、色性などの把握を説明するために「結合したものに内属したものへの内属」を用意するが、我々のほうでも、「結合したものの本性との同一性」なる第三の接触を用意しようとすれば用意できる。これについては何の問題もない。「普遍、性質、運動は、その拠り所である実体と、同一性という関係を有する」ということについては、あとで説明する予定である。

したがって、接触には二種類、あるいは三種類あると言える。

同一性 tādātmya（それを本質としていること）← tad-ātma（それを本質としている）

ちなみに、バーッタ派は、性質として、色、味、香、触、数、度量、別異性、結合、分離、かなた性、こなた性、重さ、流動性、粘着性、知識、楽、苦、欲求、嫌悪、内的努力、潜在的形成力、音響、明晰性、力能、以上の二十四種類を挙げる。

〔一二〕論理学派は、「同一性」の代わりに「内属」（これも、不可分離の一体性なのであるが）なるものを立て、我々とは別のやり方で接触を論ずる。それは、結合、結合したものへの内属、結合したものに内属したものへの内属、内属、内属したものへの内属、限定するものと限定されるものとの関係、以上の六種類の接触なるものを立てるのである。

眼と結合した実体への内属から、実体に存する色などの把握がある。

眼と結合した実体に内属している性質などへの内属から、性質性などの把握がある。

音声は虚空の性質であるから、虚空であることを本性とする耳により、虚空への内属から、音声の把握がある。

音声性は、虚空である耳に内属する音声への内属から、耳によって把握がある。

無は、有るものに特有の結合と内属がないので、眼と結合した床などに存する限定するもの（水がめの無）と限定されるもの（水がめの無によって限定される床）との関係というかたちの接触から、把握がある。

また、内属も、それが実体ではないがために何かとの結合はないからといって、さらなる別の内属を立てると無限後退の過失に陥るので、それを避けるために、限定するものと限定されるものとの関係という接触が、内属を捉える原因として立てられるのである。

この六種類の接触は、論理学派のウッディヨータカラが『ニヤーヤ・ヴァールッティカ』のなかで簡潔にまとめたものであるが、古くは、『ヴァイシェーシカ・スートラ』にまで遡れる構想である。

〔一二〕論理学派が語る六種類の接触のうち、最初の三つは、ことばが違うだけのものである。内属など、他の接触は、根拠のないものである。

音声は耳の性質ではないのであるから、内属と称する接触も、内属したものへの内属と称する接触も、拠って立つ根拠がない。また、無は、知覚されることがないから、さらに、内属は、兎の角同然の妄想であるから、限定するものと限定されるものとの関係なる接触は、打ち捨てるだけの代物である。また、眼と結合した対象の、無と内属との、限定するものと限定されるものなる接触はあり得ない。「杖を持つ人」（杖が限定するもの、人が限定されるもの）などという場合、他の関係（持たれるものと持つものとの関係）を前提としたかぎりでの「限定するものと限定されるものとの関係」は認められるけれども、無と内属の場合、それらと対象との関係が、別してはないと、そういうことである。

〔一三〕ミーマーンサー学派プラーバーカラ派は、接触には、「結合」、「結合したものへの内属」、「内属」の三種類あると説く。プラーバーカラ派の見解によれば、色性などはないから、「内属したものに内属したものへの内属」は認められない。また、音声性はないから、「内属したものへの内属」も認められない。また、無はないから、そして内属は知覚されるものではないから、「限定するものと限定されるものとの関係」も認められない。論理学派は、色性などは有ると主張するので、プラバーカラ派の見解を否定する。

〔一四〕また、感官との接触から生ずる知識には、無分別知と、有分別知との二種類がある。そのうち、感官と接触した直後に生ずる、実体などの本質だけを捉えるが、ことば（名称）を伴うことがなく、判然としない知識、それが、本質によって限定されたものについての分別がないことから、無分別知と言われる。

無分別知が生じたあとに、ことば（名称）を思い出すことをきっかけとして生ずる、普遍などによって限定されたものを対象とする、「これは赤い」とか「これは水がめである」という、はっきりとした知識が生ずるが、それが有分別知である。

〔一五〕この点に関して、文法学派は、「無分別知は無い」と主張する。次のように言われている。

「この世で、ことばを伴わない知識は無い」（西暦紀元後五世紀半ば、バルトリハリ『ヴァーキヤパディーヤ（文章単語論）』一・一二四）と。

この考えは正しくない。対象を捉えていないときには、言葉を想起するための原因が前もってないという不合理に逢着してしまうからである。

〔一六〕一方、仏教論理学派は、無分別知だけが知覚であるとし、有分別知は、真知の道具でもなければ知覚でもないと主張する。

この考えは正しくない。有分別知が知覚であることは世間では当たり前のこととされており、それを否定すれば、世間の常識に反することになるからである。そこで、次のように言われている。

「月（śaśin「兎を有するもの」）が、「月」（candra）ということばによって表示されることを否定する人だけが、有分別知が知覚であることを認めないのである」と。

また、有分別知が生じた直後に、実効性のある行為があることが認められるから、有分別知が、実効性のある行為を惹き起こすという特性を持つがゆえに知覚であるということ、これを覆すことはできない。

〔一七〕〔仏教論理学派による反論〕有分別知が実効性のある行為を惹き起こすというのは、それが対象とたいして離れていないからであり、ただの偶然に過ぎないのであって、本然的にそうなっているというわけではない。例えば次のように、ということである。

「宝珠の光と燈明の光とをどちらも宝珠の光だと思い込んで駆け寄る二人がいたとして、二人とも誤った知識によるという点で違いはないけれども、一人が宝珠を手に入れたという点では、二人の間に違いがある」と。

実際（vastu）のところ、この分別は間違っている。実際のもの（vastu）ではない普遍などを対象としているからである。

〔我々による論駁〕まったくそうではない。推論などの分別知（判断）までも真知でないことになってしまうからである。また、普遍などが実際にある事物であることは、あとで解説されることになっているからである。

〔一八〕〔仏教論理学派による反論〕しかし、有分別知が「知覚」ということばで表示されるのはなぜなのかと言えば、それは誤解によるものであることが分かる。有分別知は、先行する無分別知を介してのものであり、じかに感官から生ずるものではないからである。有分別知が間接的な知覚であるとするならば、推論なども知覚であることになってしまうからである。

〔我々の答〕そう考えてはならない。有分別知も、無分別知と同様に、じかに感官から生ずるものだからである。例えば、我々の先師たちは次のように語っている。

「五種類の分別知は、五種類の感官に対応して生ずる。もしも、ある人が、対象を直覚した途端に両眼を閉じて分別したとすると、それは知覚ではまったくないと、普通の人でも論理学者でも考えるものである」と。

また、有分別知が、間接的に感官から生ずるものだとしても、推論などが知覚だということにはならない。「泥中に（paṅka-）生ずるもの（-ja）」という語についてと同じ様に、語源と慣用による解釈法をここでも持ち込めば、推論などに、「知覚」という語が適用されることはないことが分かるからである。

語源による解釈（yoga、語根などの意味との直接の結びつき）と慣用による解釈（rūḍhi、語根などの意味から離れた高い所）とは、サンスクリット語文法学の伝統的解釈法である。

〔一九〕これについて、プラーバーカラ派の開祖であるグル（師匠）、プラバーカラは、次のように論ずる。「泥中に生ずるもの」などの語に、慣用による解釈は成り立たない。「泥中に生ずるもの」などが紅蓮に適用されるのは、「泥中に」「生ずるもの」という、語の部分の力によるのみなのであるから。「泥中に生ずるもの」という語が白蓮華などに適用されないのは、単に、適用されないからに他ならない。

〔二〇〕〔我々の見解〕その考えは正しくない。「泥中に生ずるもの」という語が紅蓮に適用される一揃いの根拠はなにであろうかと、こう考えてみると、語源による解釈だけでは、その語が白蓮華などにも適用される可能性を阻むことはできないから、慣用による解釈も、根拠の一つだと考えるべきである。また、語源による解釈は、一度そうだと認められると、破棄することが出来ないものである。というように、語源による解釈も慣用による解釈も、語の適用根拠であることが認定されるからである。ゆえに、語源と慣用による解釈法の力によって、「知覚」という語によって表示されるのは、無分別知と有分別知の二つだけであり、「感官をきっかけとして生ずる推論」などではないことが確定された。

〔二一〕有分別知によって、分別（判断）には、実体、普遍、性質、運動、名称（ことば）の別により、五種類あることになる。例えば、「この人は笛（実体）を持っている」、「この人は牛飼い（牛飼い性という普遍を有するもの）である」、「この人は色が黒い（性質）」、「この人は歌う（運動）」、「この人はゴーヴィンダ（名称）である」というように。

〔二二〕ある人々（カシミールのシヴァ派＝再認識派）は、「再認識という知覚も、第六の分別（判断）である」と主張するが、そうではない。再認識は、名称による分別に含まれるものだからである。すなわち、以前に体験したものを、あれはこうした名称で呼ばれると、名称によって思い出したとき、対象は、そうしたことによって特徴づけられているものであるから、生じた分別は、名称による分別と言われるのである。ゆえに、「この人はゴーヴィンダである」というのは、つぎのようなことを意味する。「以前、我々が、『ゴーヴィンダ』と言われる人として理解していたあの人こそがこの人なのだ」と。

これに対して、ことばによって表示されるということとは関係なく、以前のものと今のものとの同一性を理解することが趣旨であるとするならば、「あの人こそが今のこの人なのだ」との再認識は、簡潔な解釈で済むものとなる。

また、この再認識は、記憶力の助けを受けた感官による知識と同じものとして生ずるのである。すると、「かの人」と「この人」との二つの認識が生ずるが、そのうち、「かの人」との認識を生ぜしめる力は、記憶力の所為であり、「この人」との認識を生ぜしめる力は、感官の所為である。この問題については、以上のことで十分であろう。

〔一二三〕さて、ここで、知覚という知識については、表現することばの意図の違いから、感官が、あるいは感官との接触が、あるいは生ずる知識が原因であることになる。ゆえに、「感官との接触から生ずる真知が知覚である」ということが確定された。

〔一二四〕これに対して、グル（師）と称せられるプラバーカラは言う。「じかの認識が知覚である。それは、知覚の対象と、知覚の主体と、真知のありかたとの三部より成る」と。

〔一二五〕〔我々からの問〕そのうち、「じかであること」とはどういうことであろうか。

〔二六〕〔グルの主張〕「じかの知識」とは、「対象それ自体の知識」のことである。「じかに」、すなわち、感官と対象それ自体との接触から生ずる知覚、という意味である。推論は、論証上の目印などと別のものでありつつもそれと関係のあるものというかたちで、火などを知るのであるから、じかの知識ではない。

〔我々の反論〕そうだとすると、有分別知は、対象それ自体とは別の名称などと関係するというかたちで対象を捉えるものであるから、じかの知識ではないことになろう。もしも、「その場合、対象それ自体とは別のものでありつつもそれと関係のあるものというかたちでの知識があるけれども、対象それ自体の知識も成立しているのだ」というならば、推論の場合でも同様なのであるから、推論はじかの知識であることになってしまうであろう。

また、「どのような知識のなかであれ、自己と対象それ自体とが知覚されている」との主張を、我々は排斥するであろう。

〔二七〕〔仏教論理学派の主張〕知覚は、分別（ことばを伴う判断）から切り離されたものであり、迷妄のないものである。

「分別から切り離されたもの」という語があることによって、有分別知が知覚であることが否定された。「迷妄のないもの」という語があることによって、無分別知であっても、迷妄であると認定される「毛輪」（眼を閉じたときに見える、実際には無い網目模様）などが知覚であることが否定された。

〔我々からの反論〕この定義も、有分別知は知覚であると考えられるので、狭すぎる定義である。

〔一一八〕〔論理学派の主張〕また、過去のものや未来のものなどを対象とするヨーガ行者の知識も、主宰神の知識も、感官との接触から生ずるものではないけれども、間接的ではない真知では確かにあるので、このことをも含めて定義するために、「知覚とは、間接的ではない真知によって遍満されたものである」とすべきである。

〔我々からの反論〕この見解も正しくない。知覚は、現在のものの覚知であることに決まっているから、過去のものなどを知覚することはあり得ないからである。したがって、我々が先に述べた知覚の定義のほうが、好ましいであろう。

「感官以外のものである実体、その普遍、たいがいの性質、運動は、知覚されるものであると我々は説く」。

ダルマラージャ『ヴェーダーンタ・パリバーシャー』（不二一元論ヴェーダーンタ学派、「ヴェーダーンタ哲学の術語体系」）

第一章　知覚　〔一〕〜〔七七〕、〔一二〇〕〜〔一二五〕

〔一〕「知覚という真知」をもたらす道具が、知覚という真知の道具である。

不二一元論学派は、真知の道具として、知覚、推論、類推、〔ヴェーダ聖典由来の〕ことば、論理的要請、不知覚（無）の六種類を挙げる。

〔二〕ここで、知覚という真知とは、純粋精神に他ならない。「じかに、直接に」と、天啓聖典（『ブリハッドアーラニヤカ・ウパニシャッド』三・四・一）にあるからである。「直接に」とは、「直接のもの」という意味である。

純粋精神（caitanya、チャイタニヤ）という語は、「考える」を意味する動詞語根 cit- から派生した「思考」（cetana, cetanā）からさらに派生した「思考たること」「思考が思考であるゆえんのもの」を意味する。不二一元論ヴェーダーンタ学派は、一切は純粋精神としての自己（アートマン）、かつ世界を作る力を持つヴェーダ聖典のことばであるブラフマンであるとする。一元なるものは常住のものであるが、一元から幻影として流出した現象世界に生きる我々としては、常住ではない認識世界も、第二義的なものとして認める必要があるとされる。

世界の諸々の事象を、勝義（本当のあり方）よりする真実と、世俗（仮、方便）よりする真実と、漢訳仏教語で言えば「勝義諦《しょうぎたい》」と「世俗諦《せぞくたい》」とに分けることは、古くは、仏教の説一切有部《せついっさいうぶ》の『ミリンダ王の問い』で、そのあとは、大乗仏教中観派のナーガールジュナ（龍樹《りゅうじゅ》）の破壊的な揚げ足取り論法（vitaṇḍā）で行われたものである。不二一元論ヴェーダーンタ学派の開祖である初代シャンカラは、説一切有部のではなく、ナーガールジュナの破壊的な論法を援用し、ヴェーダーンタ学派の根本経典である『ブラフマ・スートラ』に、じつに数百年経って最初の全面的な註釈を施すことに成功したのである。

〔三〕〔問〕純粋精神は、始まりのないものである。であるならば、眼などが、知覚をもたらす道具であるから真知の道具であるとは、いかなることなのか。

〔四〕〔答〕純粋精神は始まりのないものであるけれども、その実際の中身を顕現させる内官の変容体は、感官との接触などから生ずるので、内官の変容体によって限定された純粋精神は、始まりを有するのだと言われる。また、内官の変容体は、それがなければ知識が成り立たないという意味で知識を局限するものであるから、慣用的に、内官の変容体が知識として扱われる。そこで、『ヴィヴァラナ』には、「内官の変容体が、慣用的に、知識として扱われる」と説かれているのである。

ヴィヴァラナ Vivaraṇa。初代シャンカラの直弟子であるパドマパーダが著した『パンチャパーディカー』に、西暦紀元後十世紀のプラカーシャートマンが著した註釈の名称。これが学派内で多くの学匠たちの支持を得たため、パドマパーダを開祖とするヴィヴァラナ派が形成された。

「局限するもの」は、サンスクリット語の avacchedaka を訳したものである。この語は、ava-（下に）chid-（切断する）という動詞語根からの派生語である。英訳はいろいろあるが、私は、define が最適であると考える。というのも、この英語は、「下に」を意味する de- と、「輪郭づけする」を意味する -fine から成り立っており、「輪郭を切り出す」を原義としているからである。そこから、「定義する」などと論理用語として用いられたりするが、ここでの文脈で、日本語では何と訳すべきか、やや悩ましい。私も含めて、このジャンルの研究者たちは、「局限する」を用いるが、日常語と術語のはざまにあって、今ひとつイメージ力が弱いのではと考える。

また、これとやや似たことを意味する、「区別する」を原義とする動詞語根 viś- から派生した名詞である viśeṣaṇa という術語があり、哲学文献では、これは、英訳では qualifier、和訳では「限定するもの」というのが広く定着している。注意深く、これからも検討を要するところである。

「変容体」は、サンスクリット語の vṛtti（ヴリッティ）の訳語である。これは、「転ずる」「生起する」などを意味する動詞語根 vṛt- の名詞形であり、文脈のいかんで多様に訳し分けなければならない多義的な語である。ただ、本書では、あとで、内官が外に流出して水がめなどのかたちを取るとの説明があることからして、内官が水がめなどのかたちに変容するというイメージが、不二一元論ヴェーダーンタ学派の知識論の根底にあるわけである。内官が外に出て、あたかもアメーバーのように変幻変形するというのであるから、vṛtti は、「変容体」と訳さざるを得ないのである。本書の底本であるテクストの校訂者は、英訳語として「精神的異常」を本来意味する psychosis を用いているが、私は、この英訳語は、精神医学的に大いに問題があると考えている。採用すべきではないであろう。英語ならば、transform が適当ではなかろうか。

「内官の変容体」の「内官」は、眼などの五つの外官との対比で称されるもので、一々の外官が捉えてきた一々の対象の情報を、すべて処理する特別の感官である。細かいことを措けば、それは「脳」であると考えて大過はないと私は考える。

〔五〕〔問〕部分を有しない内官に、一元から幻影的現象世界への流出を本性とする変容体がなぜあるというのか。

〔六〕〔答〕それは、こういうことである。すなわち、まず、内官は部分を有しないものではない。なぜなら、内官は、始めのある実体として、部分を有するものだからである。部分を有することは、「それは意を創出した」（『ブリハッドアーラニヤカ・ウパニシャッド』一・二・二）と天啓聖典に説かれているからである。

〔七〕変容体というかたちでの知識が、意の属性であることについては、「欲望、判断、探究心、信頼、無信頼、志が堅固であること、志が堅固でないこと、穏健さ、知識、畏れと、これらすべてが意に他ならない」（『ブリハッドアーラニヤカ・ウパニシャッド』一・五・三）という天啓聖典の文言が根拠である。このうちの「知識」という語によって、変容体というかたちの知識が語られている。まさにそれゆえ、欲望なども、意の属性である。

〔八〕〔問〕欲望などが意の属性であるとすると、「私は欲する」とか、「私は知る」とか、「私は畏れる」など、欲望などが自己の属性であると捉える知識が、どうして起こり得るのか。

〔九〕〔答〕鉄球は燃焼するものではないけれども、燃焼するものであることの拠り所である火との同一性への上重ねによって、例えば、「鉄が燃焼する」といった日常的言語表現があるが、それと同じ様に、楽などのかたちを取って現象として流出する内官との同一性への上重ねによって、「私は楽しい」とか、「私は苦しい」といった日常的言語表現が生ずるのである。

熱せられた鉄球はものを燃やす力があるように見えるが、実は、燃やす力は、鉄にあるのではなく、鉄に乗り移っている火にあるとされる。「上重ね」は、サンスクリット語の adhy-āsa のことで、何かにないものをそこに重ねてしまうことで、よく用いられる例としては「蛇縄《へびなわ》」がある。これは、薄暗いところに横たわっている朽ち縄を蛇だと見誤って怖がることを言う。不二一元論では、「上重ね」こそが「無明」の正体であるとされる。

〔一〇〕〔問〕知覚される欲望などは内官の変容体であると言うが、内官は、感官であるからには「感官を超えたもの」（感官では捉えられないもの）なのであるから、それがどうして知覚の対象なのであるか。

〔一一〕〔答〕まず、「内官は感官である」ということには根拠がない。

〔一二〕「『意を六番目とする諸感官』という『バガヴァッドギーター』（一五・七）の文言が根拠である」と言うならば、それは違う。感官ではない意であっても、その意によって六という数を満たすことには何の問題もないからである。つまり、「感官の数を満たすのは感官だけによる」という決まりはない、ということである。「祭りの施主を五番目とする人々が供物を食する」という場合、祭官の数が五人であることを満たすのに、祭官ではないけれども施主をもってすることが見られるからである。「その人は、「マハーバーラタ」を五番目とするヴェーダ聖典を教えた」などという場合、五つのヴェーダ聖典という数を満たすのに、ヴェーダ聖典ではない『マハーバーラタ』をもってすることが見られるからである。また、「感官よりも対象が上位にあり、対象よりも意が上位にある」（『カタ・ウパニシャッド』三・一〇）という天啓聖典の文言によっても、意が感官ではないことが理解できるからである。

〔一三〕また、「意が感官でないならば、楽などの知覚はじかの把握ではないことになろう。楽などの知覚は、感官から生ずるものだからである」と言ってはならない。

〔一四〕つまり、知識がじかの把握であることは、その知識が感官から生ずるからだ、ということではないのである。推論知なども、意から生ずるものであるからじかの把握だということになってしまうからである。また、感官から生ずるのではない主宰神の知識が、じかの把握ではないことになってしまうからである。

〔一五〕「では、貴君たちの定説では、知覚性をもたらすものは何であるのか」と問うならば、こう反問しよう。貴君は、知識の知覚性をもたらすものは何かと問うておいでなのか、それとも、対象の知覚性をもたらすものは何かと問うておいでなのか、と。

〔一六〕第一の場合には、真知の道具としての純粋精神は、対象によって局限された純粋精神と変わるところはないと、我々は答えよう。

〔一七〕つまり、こういうことである。「純粋精神には、対象としての純粋精神と、真知の道具としての純粋精神と、真知の主体としての純粋精神との三種類がある」と。

そのうち、水がめなどによって局限された純粋精神が、対象としての純粋精神である。内官の変容体によって局限された純粋精神が、真知の道具としての純粋精神である。内官によって局限された純粋精神が、真知の主体としての純粋精神である。

〔一八〕さて、例えば、池の水が穴から流れ出て、水路を通って田畑に入ると、田畑と同じ様に四角形などのかたちを取るに至るように、火より成る意も、眼などの門から外に出て、水がめなどの対象の場所に到達し、水がめなどという対象の形に変形する。その変形（流出）こそが「変容体」と言われるのである。

古今東西の認識論を見渡せば、知識にはかたちがあるとする有形象知識論と、知識にはかたちがないとする無形象知識論とに分かれる。インド論理学派は、徹底した無形象知識論を展開するが、それとは全く対照的に、ここに見られるように、不二一元論ヴェーダーンタ学派は、これほど分かりやすいものはないというほどの、典型的な有形象知識論を展開するのである。

今日の脳科学によれば、知覚、思考、記憶は、脳を中枢とする神経組織に出現するパルスの回路模様として捉えられるようである。水がめの知覚が、脳のなかで文字通りの水がめの模様をしているわけではないとしても、脳とも言える内官の変容体なるものを駆使する不二一元論学派の有形象知識論は、こうした観点から光を当ててみる価値は十分にあるのではないかと私は考える。

〔一九〕これに対して、推論知の場合、内官は火の場所に到ることがない。火などは、眼などと接触しないからである。

山から煙が立ち昇っているのを見て、見えない火がそこにあることを知るのが推論である。

〔二〇〕また、「これは水がめである」などという知覚の場合、対象である水がめと水がめの形をした内官の変容体とは、外の一つ所に合流するので、その二つのものによって局限された純粋精神はただ一つあるだけである。内官の変容体と水がめなどの対象とは、互いに離れ合うようではあっても、一つ所にあることから、互いの違いを生じないからである。

まさにこのゆえに、集会堂にある水がめによって局限された虚空は、集会堂によって局限された虚空と異なることがない。

〔二一〕また、「これは水がめである」という知覚の場合、水がめの形をした内官の変容体は、対象である水がめと結合しているから、また、対象である水がめによって局限された純粋精神は、水がめの形をした内官の変容体によって局限された純粋精神と異なることがないから、水がめの知識は、水がめの形という点では知覚である。

〔二二〕楽や苦などによって局限された純粋精神と、楽や苦などの形をした内官の変容体によって局限された純粋精神とは、必ず一つ所に存する二つの付加的条件（楽や苦などと、楽や苦などの形をした内官の変容体）によって局限されているのであるから、「私は楽しい」とか、「私は苦しい」などといった知識は、〔外的な感官との接触を介することなく〕必ず、知覚である。

〔一二三〕〔問〕そうであるならば、認識する人みずからに存する楽などの想起も、楽などという点では知覚であることになってしまうのではないか。

〔一二四〕〔答〕そうではない。想起される楽などは過去のものであり、想起というかたちの内官の変容体は現在のものであることから、ここで出てくる二つの条件は、時制が異なるのであるから。それぞれによって局限された純粋精神は異なるものだからである。二つの条件が一つ所にあるのであれば、同時であるということだけが、条件づけられるものどうしが異ならないことを成り立たせるものだからである。

〔一二五〕また、もしも、一つ所にあるということだけが、条件づけられるものどうしが異ならないことを成り立たせるものであると定義すれば、その定義は、「かつて私は楽しかった」などとの想起にも過剰に適用されることになりかねない。それを防ぐために、知覚の対象は現在のものであることが、知覚の対象を限定するものとして認定されなければならないのである。

〔一二六〕〔問〕もしもそうであると定義するならば、現在にある、認識する人みずからの功徳と罪障が、ことばによって知られるとき、その定義は、そうしたことばによる知識などにも過剰に適用されることになる。その場合、功徳などによって局限された純粋精神と、その形を取る内官の変容体によって局限された純粋精神は、一つものだからである。

〔二七〕〔答〕そうではない。整合的であることも、知覚の対象を限定するものだからである。

〔二八〕認識する人みずからの功徳などについてのことばによる知識については、それが内官の属性であることに変わりはなくても、ある知識は整合的であり、ある知識は整合的ではないということについては、実際の結果のいかんについて分別されるべき本性こそが基準である。さもなければ、ニヤーヤ学派の見解においても、楽などと功徳などとは、自己の属性であることに違いはないとはいえ、功徳などが、楽などと同様に、知覚の対象であることになってしまうことを排除することは困難になるからである。

〔二九〕「そうだとしても、楽が現在のものである状況では、『君は楽しんでいる』などということばによって生ずる知識も、知覚だということになるのではないか」と論じてはならない。

〔三〇〕なぜなら、それはそれとして認められるものだからである。なぜなら、「君が十人目だよ」などという、語る人と語られる人とが感官と接触する対象についての知識は、ことばによりながらも、じかの知識であると認められるからである。

不二一元論ヴェーダーンタ学派の開祖である初代シャンカラが用いる譬喩では、十人の子供たちが川を渡り終えたとき、ある子供が自分のことを忘れて人数を確認して、「渡り終えたのは九人だ」と言って心配したとき、別の子供から、「君が十人目だよ」と指摘されて安堵したとある。「渡り終えたのは九人だ」というのは無明《むみょう》で、それが、努力して修行することなしに、別の子供のことば（つまりヴェーダ聖典のことば）によって、「あ、そうか」という具合にただ「気づく」こと、これが無明、幻影から一瞬にして解脱することだとされるのである。これは、中期大乗仏教の論書『大乗起信論』で宣揚される本覚《ほんがく》論を丸ごと借用した考えである。本覚論によれば、すべての衆生は、始まりのない昔から、もともと目覚めた人たるブッダ（仏）なのであるが、自分の内からではない外からやって来た迷惑な煩悩という塵（客塵煩悩《きゃくじんぼんのう》）によって心が覆われて苦しみの世界に溺れているのであるが、何らかのきっかけで「何だ、そうだったのか」と気づくこと（始覚《しかく》）で、本覚に安住して本来の仏であることを我がことと自覚するとされる。これには、修行は必要とされない。修行は、輪廻転生の原動力である善悪の業に他ならず、解脱への道に完全に逆行するものだとされる。日本では、天台宗でこれが秘説とされたが、修行無用論との疑念は消し去ることが困難で、今日にいたるまで決着がつかない、あいまいなままであり続けている。

〔三二〕まさにこのゆえに、「かの山は火を有する」などという推論よりする知識も、火についてはじかの知識ではなく、かの山についてはじかの知識である。

かの山などによって局限された純粋精神は、外に流れ出た内官の変容体によって局限された純粋精神とは、互いに異なることがないからである。

これに対して、火については、内官の変容体が外に出ることがないので、火によって局限された純粋精神と、真知の道具としての純粋精神とは、互いに異なるからである。

それゆえ、「私はかの山を見る」「私は火を推論によって知る」というのは経験知であるが、ニヤーヤ学派の見解では、「私はかの山について推論する」というのは、経験知のあとに生ずる追決知であることになる。


ニヤーヤ学派とヴァイシェーシカ学派では、「これは水がめである」という決知（vyavasāya、英語でならば perception）としての知覚が生じたあとに、「これは水がめであると私は知る」という追決知（anuvyavasāya、英語でならば apperception）が生じ、そのあと、「私の記憶」に転ずるとされる。英語の apperception は、ドイツ語ならば Apperzeption であり、カントは、それが、記憶の統合性あるいは自己同一性のベースを成し、自己の存在を示唆するものであるとする。カント研究者は、この語を「統覚」と訳すのが通例である。

〔三二〕感官と接触しないものを主語（「甲は乙である」という場合の「甲」）にする推論知の

場合、いかなる面においても、その知識はじかのものではない。
〔三三〕「あの梅檀《せんだん》は香りがよい」などという知識も、梅檀についてはじかのものであるが、芳香についてはじかのものではない。芳香は、眼という感官との整合的な関係を持たないから、眼という感官との整合的な関係を持つ梅檀の特性がないからである。

遠くから梅檀を見たとき、物理的には芳香を捉えることはなくとも、心理的に芳香を捉えることはある。例えば、梅干しを見て、それを口に入れているわけでもないのに、「うわー、酸っぱい」とリアルに感じて唾液が出ることは、日本人なら、大概の人は経験しているはずである。

〔三四〕また、「そのように、一つの知識に、じかのものであることと、じかでないものであることとがあると認められるならば、その知識には、共通してあるべき普遍に相当するものがないことになる」と言ってはならない。
〔三五〕それはそれで構わないものだからである。つまり、何かの普遍であるとか、何かの付加的な条件であるとかといった術語は、いかなる真知の道具も関与するところではないからには、何の根拠にもならないものだからである。

〔三六〕すなわち、「これは水がめである」などという知覚は、水がめ性が有ることとの証左なのであって、水がめ性が普遍であることとの証左ではない、ということである。

〔三七〕何が何の普遍であるかと論証されるべきものがよく知られたものではない以上、そのことを論証する推論も、出る幕はないからである。

〔三八〕〔ニヤーヤ学派やプラーバーカラ派とは違い、我々の見解では〕内属なるものは認められないから、ブラフマンとは異なる一切の現象〔幻影〕は無常であることから、常住性に内属することと同列のものとしての普遍性なるものは、水がめ性などには認められないからである。同様にして、付加的な条件であることも、否定されることになる。

〔三九〕「かの山は火を有する」などという推論知の場合、山についてと火についてとでは内容の変容体が異なることが認められるから、山の知識を局限するものと火の知識を局限するものとは異なる。それゆえ、方やじかではないものであること、方やじかであるものであること、この両方が一つの純粋精神に存するとして、何も不合理なことはないのである。

〔四〇〕かの山についてと火とについて、それぞれ、感官と結合する現在の対象によって局限されているという点に変わりがないということが、それぞれのかたちを取った内官の変容体によって局限された知識が知覚であるということに他ならない。

〔四一〕第二の〔対象の知覚性をもたらすものは何かという〕観点である場合、水がめなどという対象が知覚されるものであるとは、対象が真知の主体（＝自己＝ブラフマン）と異なることがないということに他ならない。

〔四二〕〔問〕水がめなどが、内官の変容体によって局限された純粋精神（＝自己＝ブラフマン）と異なることがないとは、なぜなのか。というのも、「私は」「これを」「見る」というように、「私」と「これ」は別々のものとされることと矛盾しているからである。

〔四三〕〔答〕対象が真知の主体と異なることがないとは、両者が全く同一のものだということではなく、対象が、真知の主体が有ることを離れて有ることがないということなのである。

〔四四〕ゆえに、水がめなどは、水がめなどによって局限された純粋精神に上乗せされたものであるから、水がめなどが有るということは、対象としての純粋精神が有るということに他ならない。上乗せの拠り所が有るということと無関係に上乗せされたものが有るということは承認されないからである。対象としての純粋精神は、先にも述べたように、真知の主体としての純粋精神に他ならない。ゆえに、真知の主体としての純粋精神こそが、水がめなどの拠り所なのであるから、真知の主体が有るということこそが、水がめなどが有るということであって、それ以外のものなのではない。

以上で、水がめなどがじかに知られるものであることが確定された。

〔四五〕これに対して、推論知などの場合、内官は火などがある場所に出向くことはない。したがって、火によって局限された純粋精神は、真知の主体としての純粋精神とは本性を異にするものであるから、火などが有ることは、真知の主体が有ることとは違うものである。知覚の定義が、推論知などに過剰に適用されることはないのである。

〔四六〕〔問〕そうだとしても、功徳や罪障などを対象とする推論知などの場合、功徳や罪障は知覚されるものだということになってしまう。功徳などによって局限された純粋精神は、真知の主体としての純粋精神と異ならないのであるから、功徳などが有ることは、真知の主体が有ること以外の何ものでもないことによる。だからである。

論理学派流に言えば、功徳と罪障とは、真知の主体である自己の固有の性質である。また、バーッタ派流に言えば、功徳と罪障とは、自己と同一性という関係にあるのである。

〔四七〕〔答〕そうではない。整合的であることが対象を限定するものだからである。

〔四八〕〔問〕そうだとしても、「水がめは色を有するものである」という知覚の場合、水がめに存する度量（大小長短）も知覚されるものだということになってしまう。色によって局限された純粋精神は、度量などによって局限された純粋精神とは同一のものである。それゆえ、色によって局限された純粋精神は、真知の主体としての純粋精神と異なることはなく、度量などによって局限された純粋精神も、真知の主体と異なることがないから、度量などが有るということが、真知の主体が有るということと関係がないことはないからである。

例えば、水がめには、赤いという色があるとともに、大きいという度量がある。かと言って、水がめについて、「これは赤い」との知覚が生ずるのと同時に「これは大きい」との知覚が生ずることにはならない。論理学派流に言えば、水がめには、赤いという色や大きいという度量などの「限定するもの viśeṣaṇa」がたくさんあるが、そのうちの赤いという色だけに注目するときに、「これは赤い」との知覚が生ずる。知覚の対象となる限定するものは、多くの限定するものから特に選ばれたものであるから、「主要な限定するもの prakāra」と称されるのである。

〔四九〕〔答〕そうではない。色や度量などの、それぞれのかたちを取った内官の変容体にたまたま付加されたものも、真知の主体を限定するものだからである。

色のかたちを取った内官の変容体には、度量などのかたちを取った内官の変容体はないから、度量などのかたちを取った内官の変容体によってたまたま付加された真知の主体としての純粋精神と同時に有ることとはないので、我々の考えるところが過剰適用であることにはならないからである。

〔五〇〕〔問〕もしもそうであるならば、貴君たちの考えるところは、内官の変容体に十分に適用されない。無限後退の過失を畏れて、内官の変容体を対象とする別の内官の変容体が承認されないため、その知覚の場合、その形を取った内官の変容体にたまたま付加されたものであることに符合する特徴はないからである。

〔五一〕〔答〕そうではない。無限後退の過失に陥ることを畏れて、内官の変容体が、別の内官の変容体の対象ではないとしても、みずからの対象であることは認められるから、みずからの対象としての内官の変容体にたまたま付加された真知の主体という純粋精神が有ることと同じこととして有るということは、その場合でも有り得るからである。

〔五二〕ということであるので、内官と内官の属性などは、ただ単純にそのままじかに知られる対象であるとしても、その形を取る内官の変容体が認められるからには、先述の定義はそこにも有る。よって我々の考えるところが、内官の変容体に十分に適用されないということはない。

〔五三〕また、「内官と内官の属性などが内官の変容体の対象であると認めるならば、ただ単純にそのままじかに知られる対象であると認めることと矛盾することになる」と言ってはならない。

〔五四〕なぜなら、内官の変容体と無関係にじかの知識の対象であることが、ただ単純にそのままじかに知られる対象であることなのではないからである。そうではなく、ただ単純にそのままじかに知られる対象であるとは、感官や推論などという真知の道具の介在なしに、じかに知られる対象であるということである。

〔五五〕「私なるもの」を解説するに当たって、先師たちは、「私なるもの」という内官の変容体を承認している。

また、それゆえ、〔目の前にある光る真珠貝を銀だと錯誤する、そのさいの〕見かけだけの銀の場合には、銀のかたちを取った無明の変容体が、先師たちの後継者たちによって承認されている。

したがって、内官と内官の属性などという、ただ単純にそのままじかに知られる対象について、内官の変容体にたまたま付加されたものであることに符合する特徴が有るのだから、我々の考えるところが、内官の変容体に十分に適用されていない、ということはないのである。


「私なるもの」のは、サンスクリット語の ahaṃ-kāra の訳語であり、「『私』aham なる文字 kāra」を原義とする。「私」が何であるか、掘り下げようとすればするほど扱いづらくなるので、こうした遠回しの言い方をしているのである。

インドでは、挨拶するとき、合掌しながら、「namas te」（ナマス テー、あなたさまに敬礼！）と唱えるが、ごく親しい間柄での挨拶では、簡略に、「namas-kār(a)」と言う。この kāra は「音節」を意味するが、書かれたものの場合には「文字」を意味する。つまり、簡略な挨拶は、日本流に言えば、「南無の字！」ということになる。

日本では、貴族の女房ことばが源流だと言われるが、ものごとを、露骨にその実名で呼ばわることに、憚り、はしたなさを憶えるため、「杓子」は「しゃ文字」、「髪」は「か文字」、「御目にかかる」

を「御目文字」、「御恩」を「御の字」と言うのが慣習となっていて、それが今日にいたるもたいして変化がないのである。

ずばりこれ、とは言い難いときに、「〜文字」で遠回しに表現するのは、インドでも日本でもさして変わるところがないのである。面白いことである。

これを「自我意識」と訳す人は多いが、何かと誤解を招く訳語であり、大いに注意を要するであろう。

〔五六〕そこから、次のようなことが導き出される。すなわち、内官や内官の属性などが、内官と内官の属性などのかたちを取る内官の変容体にたまたま付加された真知の主体という純粋精神が有ることと無関係に有ることがないならば、対象がじかに知られるものであるとは、整合的であるということである、と考えるべきである。

〔五七〕その場合、結合、結合したものとの同一性などという接触が、純粋精神を顕現させる内官の変容体を生ずることに対応しているということが、整合的であるということである。

〔五八〕そして、内官の変容体には、疑惑、決定、慢心、想起の四種類がある。そうであるならば、内官は単一のものでありながらも、意である、覚知であるとか、「私なるもの」であるとか、心（記憶の貯蔵所）であるとかと称される。

そこで、次のように言われている。

「意、覚知、「私なるもの」、心は、内官の別称であり、順に、疑惑、決定、慢心、想起がその内容である」と。

「心」は、サンスクリット語の citta の訳語である。この citta は、「考える」を意味する動詞語根 cit- の過去受動分詞で、「考えられたものごと」を原義とするが、「考えられたものごと」は、当の考えた主体である私の記憶の内容であると言えなくもない。仏教で言う citta は、さまざまな心作用 caitta の拠り所であることから、ただ「心」だけではなく、「心王」とも漢訳される。この citta を、記憶の貯蔵庫だとすると見られる本テクストの解釈は、大乗仏教ヨーガーチャーラ（瑜伽行《ゆがぎょう》）派の唯識説で言うところの「アーラヤ識」（阿頼耶識《あらやしき》、蔵識《ぞうしき》）なる概念に通ずるところがあるだろう。

インド論理学派は、知識も、潜在的印象としての記憶も、自己の性質であるとするので、自己でも意でもない citta なるものを必要としない。

ということも考慮しつつ、それでも、「心」を必要とする諸学派の見解は、常に念頭に置くべきものであると私は考える。

〔五九〕また、知覚には二種類がある。有分別知と無分別知との区別があることによる。そのうち、有分別知は、限定するものと限定されるものとの関係を捉える知識で、例えば、「これは水がめであると私は知る」などという知識がそうである。これに対して、無分別知は、そうした関係を捉えない知識であり、例えば、「この人がかのデーヴァダッタである」とか、「汝はそれである」などとの文章から生ずる知識がそうである。

「汝はそれである」(tat tvam asi、英語の語順通りの逐語訳ならば、It you are.)という文章は、西暦紀元前八世紀のウパニシャッドの哲人、ウッダーラカ・アールニが展開した「有の哲学」のなかで、一元の有であることばがから流出して展開している多元であるかのような事象は、じつは一元の有に他ならないのだと、息子のシュヴェータケートゥに説き聞かせるときに、繰り返し語られた文章である。「汝」は、多元であるかに見える事象のことで、「それ」は、根源としての一元である有としてのことばに他ならないと、これがこの文章の真意である。

今、目の前にある人について、「この人はデーヴァダッタである」との判断が下せないときに、かつて出会った人について、「この人はデーヴァダッタである」と判断したことを想起したとき、「この人は、かのデーヴァダッタである」との判断が下される。想起は、過去のものごとについての判断であり、今のものごとについての判断ではない。したがって、限定するものと限定されるものとの関係を捉えるのが知覚である以上、過去のものごとの判断を現在のものとして捉えることは出来ない。ゆえに、「この人は、かのデーヴァダッタである」との判断は、有分別知ではないのであるから、理屈からして無分別知であると言わざるを得ない、というのがこの論の趣旨である。

〔六〇〕〔問〕これは、ことばによる知識であって、知覚ではない。なぜなら、感官から生ずるものではないからである。

〔六一〕〔答〕そうではない。どういうことかと言えば、感官から生ずるものであることだけが、それが知覚であることの根拠ではないということである。このことは、すでに否定されているからである。そうではなく、整合的でありかつ現在のものを対象とするものであることが成立していいるとき、真知の道具としての純粋精神が、対象としての純粋精神と異なることがないこと、これが、当該の知識が知覚であることの根拠であるとは、先述した通りである。

同様に、「汝はそれである」などの文章から生ずる知識も、知覚なのである。その場合、真知の主体そのものが知識の対象なのであり、したがって、この二つの知識には違いのないことが有るからである。

〔六二〕〔問〕文章から生ずる知識は、語と意味対象との関係を捉えるものなのであるのに、どうしてそれが無分別知であるのか。

〔六三〕〔答〕文章から生ずる知識の対象であることについて、語と意味対象との関係にあることとは、その根拠とはならない。なぜなら、思いもかけぬ語と意味対象との関係すらも、文章から生ずる知識の対象だということになってしまうからである。そうではなく、文章の根本の趣旨を対象としていることが、その根拠なのである。

〔六四〕また、問題となっているヴェーダの文章について、「愛児よ、太初、この世は有（無限定で唯一無二の「有るもの」）のみであった」（『チャーンドーギヤ・ウパニシャッド』六・二・一）に始まり、「それは真実のことばであり、汝はそれである、シュヴェータケートゥよ」（『同』六・八・七）で終わることによって、ヴェーダーンタ（ウパニシャッド）は、純粋なブラフマンを趣旨としていることが確定されている。どうして、趣旨の内容ではない関係を知らしめるものであろうか。

〔六五〕関係を捉えることのないじかの如実な知識を生ずること、このことこそが、「汝はそれである」などという文章の、不可分にして完璧な意味であるということである。そこで、次のように言われている。

「一連の語が、関係を捉えないじかの正しい知識の原因であるということ、これが、述べられた一連の語のすべての意味であるということである。あるいは、それは、一語一語の意味であるということである。

不可分にして完璧な意味であるとは、一語一語の意味だけを指すことである、というのが、二行詩の第四句目（「それは、一語一語の意味であるということである」）の意味である」と。
〔六六〕また、その知覚には、個我たる直覚者と主宰神（最高我）たる直覚者との二種類がある。
〔六七〕そのうち、個我というのは、内官によって局限された純粋精神のことである。その直覚とは、感官によってたまたま付加された純粋精神のことである。この二つの純粋精神が異なるのは、内官が限定するもの（局限するもの）であるか、たまたま付加するものであるかの違いによる。
〔六八〕限定するものは、限定されるものに繋がりながら、それを特化する。これに対して、たまたまの付加は、付加されるものに繋がることはないが、そこに存しつつ、それを特化する。例えば、「色に限定された水がめは無常である」という場合、「色」が「限定するもの」である。
また、例えば、「耳孔によって局限された虚空が耳である」という場合、「耳孔」が「たまたま付加するもの」である。ニヤーヤ学派は、こうした「たまたまの条件」のことを、「付け足して増やすもの」（paricāyaka）と呼んでいる。

また、この問題の場合、内官は動くことがなく、対象を照らすことができないので、内官は、対象を照らす純粋精神として、対象にたまたま付加するものだということになるのである。

〔六九〕この個我たる直覚者は、個体ごとにあって多数ある。もしも、多数ではなく一つであるとすると、チャイットラが捉えた対象を、マイッットラも追認することになるからである。

〔七〇〕一方、主宰神たる直覚者は、幻影（マーヤー）によってたまたま付加された純粋精神である。

〔七一〕また、主宰神たる直覚者は、ただ一つしかない。それを純粋精神に付加する幻影は、ただ一つしかないからである。

〔七二〕「インドラは、諸々の幻影によって、多様に現れる」（『リグヴェーダ』六・四七・一八）などという天啓聖典に出て来る「諸々の幻影によって」という複数形は、幻影が持つさまざまな力を言わんとするものであるから、あるいは、幻影が持つ純質、激質、闇質という構成要素を言わんとするものであるから、あっても不思議なことではない。だからである。
「幻影はプラクリティ（根本原質、女性原理）であり、幻影より成るものは主宰神であると知れ」（『シュヴェーターシュヴァタラ・ウパニシャッド』四・一〇）
「ヨーガ行者が、広大な無明である幻影を渡り超えるときに入り込んだ心臓という、量り知れないほどの、明知を本体とするものに、我は帰依したてまつる」（出典不明）
「赤（激質）、白（純質）、黒（闇質）の、自分とよく似た子（現象世界）を産み出す牝山羊（プラクリティ、女性原理）を好みとして、ある牡山羊（プルシャ、男性原理）は起居を共にするが、別の牡山羊は、享受し終えたそれらを棄て去るのである」（『シュヴェーターシュヴァタラ・ウパニシャッド』四・五）などという天啓聖典や憶念聖典では、簡潔性を担保してくれる単数形によって、幻影は一つであることが確定されるのである。

牡山羊は、サンスクリット語では aja で、これは偶然にも「不生《ふしょう》（不滅）なるもの」と同音異義語で、ここから、これは、サーンキヤ学派流の二元論の一つである男性原理としてのプルシャ（自己）の譬喩として活用された。一方、同じく「不生（不滅）」のものである女性原理としての根本原質プラクリティ、この場合のサンスクリット語では、aja の女性名詞形である ajā が対応するが、この語がまた、牝山羊を示す語と同音異義語なのである。駄洒落と言えばその通りであるが、二元論哲学の巧みな譬喩であるとも言えるであろう。

ここから、『ヴェーダーンタ・パリバーシャー』を理解するためにも、また、ヴェーダーンタ学派が第五のヴェーダ聖典とみなし、不二一元論学派の開祖である初代のシャンカラもその註を著した『バガヴァッドギーター』を理解するためにも、二元論哲学体系の基本を押さえることは必須のことだと、私は考える。

『バガヴァガッドギーター』によれば、唯一無二の最高主宰神は、みずからを、知る主体であるプルシャ（自己）と、知られる対象であるプラクリティ（根本原質）との二元に分かった。これは、衆生は、二元の発想で暮らしを送ることに馴れているためである。衆生にとっては馴染み深い二元論を広く詳しく展望しながら、最高主宰神は、二元の本源がじつは一元に他ならないことを巧みに教え説き、衆生みずからが、じつは自分は最高主宰神と一つものなのだと気づかせるのである。こうして衆生は、煩悩も涅槃も無い、究極の安楽（アーナンダ、歓喜《かんぎ》）を享受するにいたるのだとされる。

二元論を方便とする最高主宰神一元論は、バクティ（無条件、絶対の信愛）を至上の契機として容易に体験できる汎神論だと理解すべきであろう。

〔七三〕また、それゆえ、幻影によってたまたま付加された純粋精神が主宰神たる覚知者なのである。また、主宰神たる覚知者は、始まりのないものである。主宰神たる覚知者を純粋精神に付加するものである幻影は、始まりのないものだからである。

〔七四〕幻影によって局限された純粋性精神が、最高主宰神である。幻影がそれを限定するものであるときには、それは主宰神であり、幻影がそれにたまたま付加するときには、それは直覚者である。と、これが、幻影が主宰神であることと直覚者であることとの違いである。しかし、限定するものであれたまたま付加するものであれ、それぞれの拠り所である主宰神と直覚者との違いはないのである。

〔七五〕また、その最高主宰神は唯一であるけれども、それにたまたま付加するものである幻影に存する純質、激質、闇質という三つの構成要素の別により、「ブラフマー（梵天）」「ヴィシュヌ」「大自在天（シヴァ）」などの名称で呼ばれることになっているのである。

唯一の最高主宰神が、世界を創造するときにはブラフマー（梵天）として、世界を維持するときにはヴィシュヌとして、世界を破壊するときにはシヴァとして顕われるとする「三神一体（tri-mūrti、三柱《みはしら》の御容姿《みすがた》）説」のことである。

〔七六〕〔問〕主宰神たる直覚者が始まりのないものだとすると、「それは思った、『われ、多とならん、繁殖せん』と」（『チャーンドーギヤ・ウパニシャッド』六・二・三）などの文言によって、世界創造の前に、主宰神は、どこかから降って湧いたような思念を述べているのは、どうして可能なのであろうか。

〔七七〕〔答〕例えば、対象と感官との接触などという原因のせいで、個我にたまたま付加する内官の変容体に違いが生ずるように、これから想像されることになっている生類の業のせいで、主宰神にたまたま付加するものである幻影という内官の変容体に、「これは今、創造しなければならない」「これは今、維持しなければならない」「これは今、破壊しなければならない」などのかたちを取る違いが生ずるのである。そうした内官の変容体は始めのあるものであるから、それが投影された内官の変容体も始めのあるものであると言われるのである。

＊＊＊

〔七八〕から〔一一九〕は、新論理学派に由来する複雑な関係概念を用いた定義の厳密性をめぐる議論が展開されている箇所で、前後の議論よりも突出して難度が高い。佐藤裕之『アドヴァイタ認識論の研究』（山喜房佛書林、二〇〇五年）に、知覚論の全訳と注解が収められているので、関心がおありの方は、それを参照して頂くこととし、ここでは訳は省略する。

* * *

〔一一〇〕これまで言及されてきた知覚には、別の観点からすると二種類がある。感官から生ずる知覚と、感官から生ずるのではない知覚とである。

〔一一一〕そのうち、楽などの知覚が、感官から生ずるのではない知覚である。〔楽などを捉えるのは意であるが、〕意が感官であることは否定されるからである。

〔一一二〕感官は、鼻、舌、眼、耳、皮膚の五つのかたちを持つので、五種類を数える。これらの感官は、それぞれに対応する対象と結合するときにのみ、知覚知を生ずる。

〔一一三〕そのうち、鼻、舌、皮膚のかたちを持つ感官は、それらが本来あるところに留まったままで、香、味、触の知覚を生ずる。これに対して、眼と耳は、それらが本来あるところから発し、対象があるところに到達して、それぞれの対象を捉えるのである。

〔一二四〕眼などと同じく、耳も、大きさが限定されているものであるから、太鼓などがある場所に到達できるからである。だからこそ、「太鼓の音を私は聞いた」という経験的に知られるのである。

そうではなく、論理学派が用いる「拡がる波紋」の理によって、「耳孔がある場所までに、数えきれないほどの音の発生が想定される」というのは、想定過剰の劣った理論である。また、論理学派の考えでは、「私は太鼓の音を聞いた」という知覚は迷妄だということになり、同じく想定過剰の過ちから免れないことになろう。

論理学派は、太鼓と撥の結合から生じた音は、次の音、また次の音と、波紋のように拡がり、やがて聞く人の耳孔に到達するとし、その理屈から、その音は、最初の音ではないから、「私は太鼓の音を聞いた」というのは、じつは迷妄なのだと主張する。論理学派では、耳という感官は、耳孔によって局限された虚空であり、音は虚空の性質だとされるのである。

なお、ディグナーガ（陳那）を開祖とする仏教論理学派では、眼も耳も、対象に到達することなく機能するとされる。

〔一二五〕以上のように知覚は説明された。

おわりに

本書は、先に刊行された次の拙訳の続篇である。

宮元啓一『インド論理学へのいざない：新訳註『タルカサングラハ』『タルカバーシャー』』花伝社、二〇二五（令和七）年。

本書では、初期インド論理学派の文献だけでなく、同じく実在論に立脚しながら、論理学派とは一線を画し、仏教論理学派をも熱心に批判したミーマーンサー学派バーッタ派の綱要書である『マーナメーヨーダヤ』の知覚論と、唯名論に徹しつつ実在論の論理学派のみならず、仏教論理学にも対抗意識を露わにした不二一元論ヴェーダーンタ学派の綱要書である『ヴェーダーンタ・パリバーシャー』の知覚論とを訳出した（中略あり）。これによって、インド論理学派の考えが、より深く理解可能になるであろうと考えてのことである。

さて、本書で訳出したサンスクリット語テクストは次の通りである。

＊カナーダ編『ヴァイシェーシカ・スートラ』（西暦紀元前二世紀半ば〜紀元後二世紀初め頃。チャンドラーナンダ註は、紀元後七〜八世紀）
Vaiśeṣikasūtra of Kaṇāda with the Commentary of Candrānanda, critically edited by Muni Sri Jambuvijayaji. Gaekwad's Oriental Series No.136. Baroda: Oriental Institute, 1961.

＊マティチャンドラ『ダシャパダールティー』（西暦紀元後四世紀末〜五世紀初め頃）
宮元啓一校訂版「慧月造・玄奘訳『勝宗十句義論』」と、それにもとづく想定サンスクリット語原典（Keiichi MIYAMOTO, *The Metaphysics and Epistemology of the Early Vaiśeṣikas*. Pune: Bhandarkar Oriental Research Institute, 1996 所収）。

＊プラシャスタパーダ『パダールタダルマ・サングラハ』（『プラシャスタパーダ・バーシャ』とも。西暦紀元後六世紀初め）
The Praśastapāda Bhāshya with Commentary Nyāyakandali of Śrīdhara. Sri Garib Dass Oriental Series, edited by Vindhyesvari Prasad Dvivedin. Delhi: Sri Satguru Publications, 1984.

＊ガウタマ『ニヤーヤ・スートラ』（西暦紀元後二世紀末〜三世紀初め）、ヴァーツヤーヤナ『ニヤーヤ・バーシャ』（紀元後四世紀）、ウダヤナ『ニヤーヤ・ヴァールッティカ』（紀元後六世紀初め）
Nyāyadarśanam with Vātsyāyana's Bhāṣya, Uddyotakara's Vārttika, Vācaspatimiśra's Tātparyaṭīkā & Viśvanātha's Vṛtti, critically edited with Notes by Taranatha Nyaya-tarkatirtha and by Amarendramohan

Tarkatirtha. Calcutta Sanskrit Series No.XVIII. Calcutta: Metropolitan Printing & Publishing House, Limited, 1936.

＊ナーラーヤナ『マーナメーヨーダヤ』（西暦紀元後十六世紀後半）

Mānameyodaya of Nārāyaṇa, edited with an English Translation by Kunhan Raja and S.S.Suryanarayana Sastri. Madras: The Adyar Library Research Centre, 1975.

＊ダルマラージャ『ヴェーダーンタ・パリバーシャー』（西暦紀元後十七世紀）

Vedāntaparibhāṣā by Dharmarāja Adhvarin, edited with an English Translation by S.S.Suryanarayana Sastri. Madras: The Adyar Library Research Centre, 1971.

これらテクストの和訳と英訳は、インド論理学派のものに関しては、先述した『インド論理学へのいざない』（花伝社）の「あとがき」でも紹介した次の入手しやすいものを参照されたい。

服部正明訳「論証学入門」『世界の名著1　バラモン教・原始仏教』中央公論社、一九六九年（ニヤーヤ・バーシュヤ第一篇）

宮元啓一『牛は実在するのだ！　インド実在論哲学『勝宗十句義論』を読む』青土社、一九九九年。

Keiichi MIYAMOTO, *Daśapadārthī* ── *An Ancient Indian Literature of Thoroughly Metaphysical Realism* ──勝宗十句義論. Kyoto: Rinsen Book Co.(臨川書店), 2007.
宮元啓一『インドの「多元論哲学」を読む──プラシャスタパーダ『パダールタダルマ・サングラハ』』春秋社、二〇〇八年。
宮元啓一『ヴァイシェーシカ・スートラ──古代インドの分析主義的実在論哲学』臨川書店、二〇〇九年。
宮元啓一・石飛道子『インド新論理学派の知識論──『マニカナ』の和訳と註解』山喜房佛書林、一九九八年。

また、『ヴェーダーンタ・パリバーシャー』の知覚論については、佐藤裕之『アドヴァイタ認識論の研究』(山喜房佛書林、二〇〇五年)にその全訳が載っているので、高価少量刊行物のため入手しづらいかもしれないが、参照されたい。

なお、ディグナーガ(陳那《ぢんな》、紀元後五世紀末~六世紀初め)を開祖とする仏教論理学(新因明《しんいんみょう》)派は、インド論理学派の知覚論を批判してやまない。その概要については、次のものを参照されたい。

平川彰・梶山雄一・高崎直道編集『講座大乗仏教　九――認識論と論理学』春秋社、一九八四年。

岩波講座　東洋思想　第一〇巻『インド仏教史　三』岩波書店、一九八九年。

また、ディグナーガよりも後の、ダルマキールティ（法称《ほっしょう》）によって新機軸へと変化した仏教論理学については、次のものが綱要書として広く評価を受けている。

モークシャーカラグプタ（梶山雄一訳）『論理のことば』中公文庫、一九九二年。

最後になったが、本訳書の刊行を快諾された平田勝社長、および編集の実務を担当され、ついい先日刊行された拙訳書とのつながりが分かるように工夫していただいた家入祐輔氏には深い謝意を表する次第である。

二〇二五年一月

東京は中野の北辺にて　訳者識す

宮元啓一（みやもと・けいいち）
1948年生まれ。東京大学で博士（文学）号を取得。
現在、國學院大學名誉教授。
著作に、『インド哲学七つの難問』（講談社選書メチエ）、『仏教誕生』（講談社学術文庫）、『仏教かく始まりき パーリ仏典『大品』を読む』『インド哲学の教室』（春秋社）、『わかる仏教史』『ブッダが考えたこと』（角川ソフィア文庫）、『勝宗十句義論』（臨川書店）、『新訳 ミリンダ王の問い』『［全訳］念処経』『インド論理学へのいざない』（花伝社）など。

インド哲学・知覚論へのいざない
――八つのサンスクリット語原典からの和訳と註解

2025年4月25日　初版第1刷発行

著者 ――― 宮元啓一
発行者 ―― 平田　勝
発行 ――― 花伝社
発売 ――― 共栄書房
〒101-0065　東京都千代田区西神田2-5-11出版輸送ビル2F
電話　03-3263-3813
FAX　03-3239-8272
E-mail　info@kadensha.net
URL　https://www.kadensha.net
振替 ――― 00140-6-59661
装幀 ――― 北田雄一郎
印刷・製本― 中央精版印刷株式会社

ISBN978-4-7634-2168-5 C0015

インド論理学へのいざない

——新訳註『タルカサングラハ』『タルカバーシャー』

宮元啓一 著

定価　2,750円（税込）

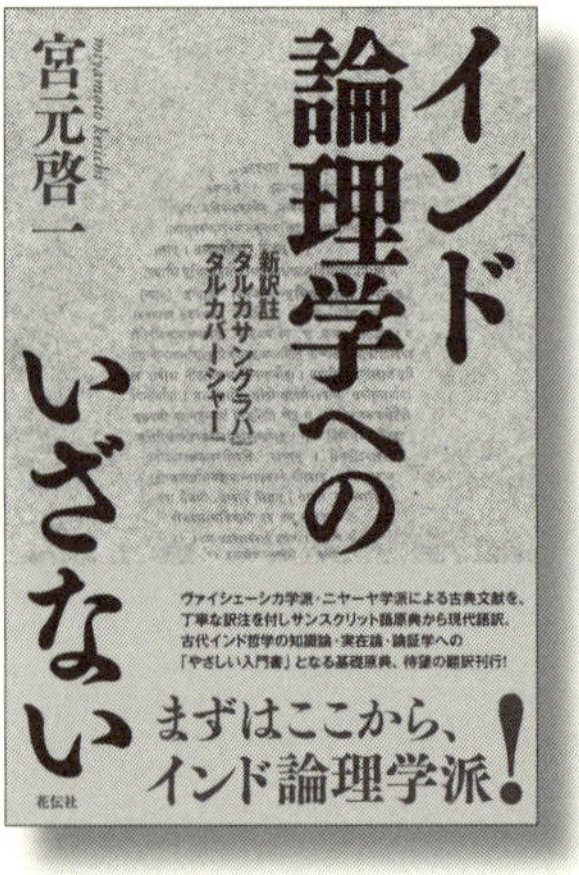

●まずはここから、インド論理学派！

ヴァイシェーシカ学派・ニヤーヤ学派による古典文献を、丁寧な訳注を付しサンスクリット語原典から現代語訳。古代インド哲学の知識論・実在論・論証学への「やさしい入門書」となる基礎原典、待望の翻訳刊行！